U0725279

不焦虑的立体几何

学透稳拿分

贼叉 著 杜仁杰 绘

人民邮电出版社

北 京

图书在版编目（CIP）数据

不焦虑的立体几何 ：学透稳拿分 / 贼叉著 ；杜仁杰绘 . -- 北京 ：人民邮电出版社，2025. --（图灵新知）. -- ISBN 978-7-115-66586-7

Ⅰ . G634.633

中国国家版本馆CIP数据核字第2025GW3100号

内 容 提 要

立体几何是高中数学学习的一个重点。本书旨在让读者全面、透彻地理解立体几何知识，养成良好的学习习惯和思考习惯，有效地提高学习效率。作者全面讲解了立体几何的基本概念、基本位置关系、多面体、空间向量等相关内容，同时展现了平面几何与立体几何在学习、理解和解题上的联系与区别，帮助读者从初中顺利迈向高中阶段的几何学习。作者根据多年的教学和高考阅卷经验，结合有代表性的例题和往年高考真题，有针对性地进行难点解析和思路推演。

这是一本能帮助中学生自学自练、提高几何学理解力和解题能力的参考读物，适合中学生和中学教师阅读。

◆ 著　　　　贼　叉
　　绘　　　　杜仁杰
　　责任编辑　戴　童
　　责任印制　胡　南

◆ 人民邮电出版社出版发行　　北京市丰台区成寿寺路11号
　　邮编　100164　　电子邮件　315@ptpress.com.cn
　　网址　https://www.ptpress.com.cn
　　三河市中晟雅豪印务有限公司印刷

◆ 开本：720×960　1/16
　　印张：14.5　　　　　　　　2025年7月第1版
　　字数：192千字　　　　　　2025年7月河北第1次印刷

定价：79.80元
读者服务热线：(010)84084456-6009　印装质量热线：(010)81055316
反盗版热线：(010)81055315

　　我又食言了。我一直以为，为"不焦虑"系列写完数学思想方面的内容，我就可以封笔了，谁知有那么多家长要求我继续写，最好覆盖中小学阶段数学学习上的所有知识点。说实话，这番厚爱让我这"厚脸皮"的家伙不禁有些惶恐。思来想去，我决定把中学数学的最后两块主要内容——立体几何和平面解析几何——给大家梳理一下。

　　这两块内容是历年各地高考解答题中的必考知识点。20 世纪 80 年代至今，高考数学的解答题中出现了很多"过客"。比如曾经红极一时的复数，如今沦为选择题或填空题，甚至成了送分题；概率是"杀进杀出"，时而出现，时而被忽略。真是"城头变幻大王旗"，唯有立体几何和解析几何岿然不动。当然，随着时间的推移，这两块内容的考查难度和讨论热度在不断变化，我们的应对方法当然也要随之变化。

如何学好立体几何？

　　从本质上来说，立体几何的核心问题和平面几何没有任何区别——仍然是研究数量关系和位置关系。只不过，在引入更多的平面图形和立体图形后，产生这两种关系的对象多了许多。比如，平面几何中的角度问题仅会涉及线与线之间的夹角，但到了空间中，线可以和平面有夹角，而平面和平面也可以有夹角。那么，这些夹角和平面几何中的夹角有什么关系和区别？在计算的时候，有没有新的方法可以运用呢？

　　可以肯定的是，这些新的角度问题必然和初中所学的平面几何中的角度问题有着千丝万缕的联系，但肯定又有所区别。因此，我们在学习上一定可以借助以往的经验，然而，在这些经验的基础上，我们必然要有所发展。

各位高中生朋友，你们的家长此时在学业上对你们"指指点点"的机会已经非常少了，接下来的路，基本只能靠你们自己走了。一边是学业难度不断加大，一边是主动帮扶自己的"拐棍"渐渐远离，这个过渡期并不是每个人都能顺利走好的。

所以，本书大概就只能由你们自己来读了。本书里不会再有"家长怎么教"的内容，更多内容是在告诉你们自己该怎么学、怎么思考。这将是一次大转变，从教到学都要转变。

幸运的是，写本书的人也曾经是一个普通学生，总是打着"我不喜欢炫技"的旗号，掩盖自己"不会炫技"的事实。贼老师在本书中使用的都是普通方法，对大多数学生而言，绝对实用又可靠。

和初中阶段相比，高中阶段所学的数学知识对定义的理解要求高了许多。我们在高中数学学习中所碰到的深层次问题，根本不是靠"刷题"就能解决的，我们必须对基本概念有更深刻的认识。近 20 年来，高考中立体几何的解答题的难度不断上升，但得分难度在不断下降，原来可能的失分点变成了必须得分的点，这是怎么回事？原因就是学习中引入了向量法，从而彻底解决了加辅助线的问题。

但向量法也有弊端——大量的计算会让解答过程变得冗长，而且，对于计算始终没有过关的学生来说，这反而增加了风险。所以，如何平衡纯几何法和向量法之间的权重，也需要根据学生自己的特点而定。

各位家长朋友，从本书开始，您们就彻底解脱了——把书扔给孩子自己研读，是正确的选择。

希望孩子们在看完本书后能很自信地说一句："立体几何嘛，送分题！"

空间想象力不好，能学好立体几何吗？

如果一个人的空间想象力不够，能不能学好立体几何？

我经常被这么问，但这其实是一个很难回答的问题。首先，什么是"空间想象力"？"不够"的标准是什么？所谓"学好立体几何"的标准又是什么？

空间想象力是人对具体事物的空间形式（空间几何形体）进行观察、分析、认知、重构的抽象思维能力，主要包括以下三个方面：

- 能根据所见的或根据文字所描述的空间几何形体的特征，在大脑中展现出相应的空间几何图形，并能正确地想象出其直观图；
- 能根据直观图，在大脑中展现出直观图所表现的几何形体及其组成部分的形状、位置关系和数量关系；
- 能对自己大脑中已有的空间几何形体进行分解、组合，由此想象出新的空间几何形体，并正确分析其位置关系和数量关系。

那么，一个人的空间想象力在什么情况下算"够"，什么情况下算"不够"？

拿我来说吧，我没法把一个具体的物体抽象成只剩下线条的立体图形。从小到大，我的美术成绩一直很差，特别是在学素描时，我画的透视图和投影效果能把美术老师活活气"死"，但是，这并没有影响我学习立体几何。

我在读中学的时候，还学过一点点机械制图的"皮毛"，而在画三视图的时候，我也是笨得"要命"。家严是学机械出身的，有时候实在看不下去我那个着急的样子，偶尔"捉刀"一把——当然，在我看来他是为了自己"过把瘾"，不是为了替我完成作业——但是，在处理立体几何中三视图的相关题目时，我从未错过。

因此，无论按照哪个标准来看，我的空间想象力都是"不够"的，而且，我后来也并没有因为数学（尤其是立体几何）学得多了，空间想象力就得到了提升。

我的一位学美术的同学就不一样了，他对于空间图形的把握相当到位，但一说起学习立体几何……希望他永远不要来读本书，这样我们还能继续做好朋友。按他的话说吧，数学是他"终身的噩梦"，就连在我看来是白送分的立体几何问题，对他来说都够"喝一壶"的。

现在回头看，我觉得立体几何其实和平面几何一样，属于已经没有什么可以研究的学问，是一个已经"死亡"的数学分支。只不过，立体几何作为高考的必考内容，学生们不得不重视，所以，很多人会有上述的担心。

当然，我偷换了一下概念：只能说，我在处于高考难度的立体几何问题上不会失分，但要说我立体几何学得有多好，欸……倒也未必。我一直认为自己的平面几何学得很一般，很多时候只能借助三角学、平面解析几何或复数等方法解决一些题目，应付中考难度的问题绰绰有余。假如不限时间、不限方法的话，更高难度的平面几何问题对我来说大多算不得什么挑战。

我自己在立体几何方面的水平是高还是低？真心不好说。但我能保证在高考的立体几何问题上不失分——水平有限啊！可我相信，对大多数高中生来说，这水平已经"足够"了。因此，如果你还在哀叹自己的空间想象力不够好，担心自己学不好立体几何的话，那我只能送你一个成语——杞人忧天。

空间想象力对学习立体几何肯定有帮助，但哪怕这个能力差点儿，其实对学习数学来说，也不是什么太大的事。毕竟解决立体几何中的数量关系问题，主要还是靠计算能力；而针对位置关系问题，只要你能想象出垂直和平行关系，我觉得，你就具备了处理相关问题不丢分的基本能力。

与高中的代数部分和平面解析几何部分相比，立体几何的学习内容是相当"友好"的，大家完全没必要未战先怯，还早早给自己设定了"注定学不好"的人设——那都是借口。

不要活在自己的世界里

开始讲数学前，我还是想对高中阶段的孩子们再唠叨几句。

过年的时候，我和亲戚们聚餐。在饭桌上，我和上高中的侄子聊天，话题真是让孩子"肝肠寸断"啊："你们数学学到哪里啦？……"我爱人在一旁看着受不了了，赶紧阻止我："大过节的，你给孩子添什么堵？"我说："那我该和高二的娃聊什么？追星？我也得懂啊！"

因为长辈们都在，我侄子不好意思和我直接翻脸，于是赔笑说："我们学到圆和直线的位置关系了。"

我说："哦，那就是解析几何了。那你要特别注意解析几何里的计算问题。反正就是算，然后用平面几何中的圆心代替圆，来研究圆和直线的位置关系。抓住这个关键，这部分内容就过关了。至于后面的圆锥曲线，要更注意计算。总之离不开算算算。"

"潘多拉的盒子"打开以后，是很难合上的。随后我们又聊到立体几何的学习。侄子说，他很喜欢用纯几何的办法去做立体几何的题目，但十分抗拒向量法。我听了后勃然大怒，忍不住说了他几句。我侄子显然心有不甘，辩解说，他觉得用纯几何的办法解题才"漂亮"，而向量法太"丑陋"了。

其实，我生气的原因在于这孩子压根儿没弄明白自己应该干什么。

平面几何也好，立体几何也罢，说白了就是逻辑游戏——注意，是游戏。从数学角度看，这两门学科已经是"死亡分支"。说白了，纯几何再难，不过就是奇技淫巧。除了竞赛生，普通学生的目标如果就是顺利通过中考和高考，那根本没必要花那么大力气去研究。当然，有些平面几何爱好者以钻研这门学问为乐，但那都是不用"应试"的人了。

代数方法的存在，使得一切几何证明都变成了计算。究竟什么是数学之美？我不否认，用纯几何方法做题，确实会让人有一种莫名的快感，但顺应数学发展的人，才是真懂数学之美的人——用几条两两垂直的直线就把所有几何问题都破解了，这还不够美吗？直角坐标系在理论上打败了所有辅助线，这种高度的精炼不美吗？

当然，有人会说：美哪有什么标准？我就是觉得纯几何美，不行啊？

其实，我对侄子的数学审美品位没有太大意见，我最生气的点是，这家伙本末倒置——高考毕竟还是要看成绩，你找辅助线，就有找不到的风险，但用建立直角坐标系的方法，永远不会有这个烦恼。如果坐标系建得合理，就算得快一些；如果坐标系建得不合理，就算得慢一些。无论如何，这种方法怎么都能把结果搞出来。加辅助线的门槛其实是很高的，有时在考场上，你还需要一点点运气，假如运气不在你这里，那么你的损失会很惨重。一般而言，高考中的立体几何题的难度是中等偏易，基本属于送分题，如果你在这上面失误了，所受打击是相当大的，很可能直接影响你后续解决其他难题时的心情。

工业化相较于手工作坊的优势在于，工业化产品的品质稳定。虽然手工作坊可能会成就"神作"，但大部分手工产品的品质是比不过工业化产品的。

所以，要应付考试的学生最好不要根据自己的"好恶"来决定做题方式，而要根据"怎样才能尽可能多得分"来选择策略。沉浸在自己的世界里，对大多数学生来说恐怕并不是什么好事。

讲究方法，是成功的关键啊！好，让我们进入立体几何的世界吧。

目 录

01
基础知识

点、线、面

与平面几何相比，立体几何最大的不同之处在于引入了"平面"这一概念。

什么是平面？这是一个和"什么是直线"一样难回答的问题。我们可以举出很多平面的例子，却很难给出一个它的定义。比如，黑板、地板、天花板，这些都是平面的一些具象。平面是一个无限延伸的概念——在这一点上它和直线很像。平面是没有边界的。在本书中，我们将在后面了解到，平面其实是法向量处处平行的曲面，但此时，我们只能借助一些直观的物体来进行描述。

那么，我们该怎么去理解一个平面呢？这时候就需要化归了。首先回忆一下：当初我们是怎么理解直线的？

> 啥？老师没这么教过？那你是没早早遇到贼叉老师啊，早遇到我你就……等等，我写的《不焦虑的几何：孩子怎么学，家长怎么教》这本书里也没讲过？

好吧。毕竟那本书主要是给家长辅导孩子用的,所以,书中内容直接从三角形上手了。如果从学生学习的角度出发,那还是很有必要了解一些基本学习方法的。如果你们是"不焦虑"系列的老读者,尤其是读过《不焦虑的数学思想:让人人都能开窍》这本书的读者,那你们应该反复听过"化归"这个词吧?没错,这就是数学中最重要的思想方法之一,也是最重要的学习技巧之一。在数学学习中碰到的一切新概念、新问题,绝大部分可以用化归来解决。

之前在学习直线的时候,我们可以把直线看作无穷多个点一个挨一个、毫无缝隙地排列,当然,这是一种相对静止的观点。我们也可以尝试换一种方式去理解:首先给定一个点,这个点在一瞬间分裂成两个点,然后,它们开始朝相反方向笔直地做运动,这样形成的轨迹就是一条直线。

那么,平面可以通过什么方式得到呢?是否也可以通过点的运动来得到?

这时候你的脑海中可能已经有画面了:一个点自由逡巡,渐渐地占领了一大块地方——没有起伏,一望无际。如果你真这么开始想了,那恭喜你,你想得不错。

有没有更好的办法?

我们常说的点、线、面、体,既是几何的基本要素,也是人类认知几何体的一般顺序。如何理解点、线、面、体?除了分别学习每个概念之外,我们还要注意这四个要素之间的联系。

直线既可以看成是由无数的点构成的,也可以看成是点运动得到的;平面也既可以看成是由无数的点构成的,也可以看成是点运动得到的。如果能自己做出这样的类比，那自然是极好的。但有没有更好的类比方式？

你看，从点到面，中间是不是隔了线？就这么把线跳过去，会不会有些……不太好？而且直接从点生成平面的过程是不是显得有点儿"豪放"？这个过程毫无规律可言，比起"点生成直线"的情况简直粗暴。

既然点、线、面、体存在这样的次序安排，而且点可以生成线，从点虽然可以生成面，但是略显突兀，那么我们是否可以考虑从线生成面呢？

如果我们顺势想到了怎么用直线生成平面，那么其实很容易想出这样的场景：让一条直线平行移动，即可得到一个平面；或者，在直线上任意取一点，然后让直线绕着该点旋转，也可以得到一个平面。

真是这样吗？事实上，如果让一条直线沿着一个圆平行移动，得到的曲面为圆柱面；而如果不是在一个平面上旋转直线，很显然，得到的也是一个曲面。

不要气馁，虽然严格描述直线生成平面的过程对于初学者来说有一定的困难，但是，像这样的思考训练还是很有意义的。

高考中是不是会考这个知识点？

不，高考如果考这么简单的题目，是会被懂行的人嘲笑的。

那学这个还有什么意义？

很多孩子很努力地学数学，但到后来总差一口气，除去计算可能不过关等原因，很多时候，他们就是想不透，不会转弯，不知道如何把题设的条件翻译成数学语言。当然，这些能力不是一朝一夕能培养出来的，只能通过长时间的基础训练，慢慢"熏"出来。但是，不少学生就是不愿意思考，却热衷"刷题"，搞得自己很用功的样子，成绩却没有什么提高，有人的成绩甚至还不断下滑。究其原因，就是他们不愿意把时间花在这种必要的思维训练上——这种训练看着多虚啊，哪有做题感觉实在？

一般而言，经过小学六年和初中三年的学习，你可能已经丧失了主动猜测的意愿和能力，更多时候，就等着老师来"投喂"。这样到了更高阶段的学习，显然是不行的。我们要永远保持对数学的好奇心，多问问"为什么"，这样有助于提升全面思考的能力。

在高中数学学习的范围内，有些基本概念确实可以直接拿来当考点用，但不是全部。然而，对任何基本概念的深入理解，或多或少能帮助我们锻炼发散性思维。在学习基本概念的过程中，我们会逐步掌握如何把新概念和旧概念联系起来，如何层层递进地去理解它们。没有这样的锻炼，想在极短时间内攻克高难度的解答题，无异于痴人说梦。

这本书的主要目的就是帮助你学好立体几何，从而在高考的时候，尽可能把这部分题目的分数拿满，因此，你会发现这本书会从学生学习的视角进行阐述，力求教会大家怎么思考。

回到平面上。我们将继续使用化归的方法学习平面。在学习平面几何的时候，我们学过这样一条公理：两点确定一条直线。所以，我们现在应该提出什么问题？没错，几个点可以确定一个平面呢？

哎呀，你就大胆猜嘛！不要上来就怕答错，答错又能怎么样呢？有人总问我所谓"数学的感觉"该怎么样培养，瞎猜就是一种很好的培养方式。当然，猜完了以后，我们要复盘，不能猜完就拉倒了。我们要把道理想明白，这样能力才会慢慢提高。

猜一猜：如果两点确定一条直线，那么三点确定一个平面，算不算合理？

好，猜对了。我们如何复盘？

假设两点确定一个平面，那么经过这两点可以作出唯一一条直线。不难发现，这条直线上所有的点都在这个平面上。不妨想象一下，你现在有一根烤肉用的铁扦子就是那条直线，铁扦子中间串着一只全羊，代表了那个平面。在烤全羊的时候，我们是不是得不停转动那根铁扦子？这只转动的全羊在不同位置停下，都能得到一个不同的平面，所以，两个点肯定是不够的。

那三个点呢？三个点可以得到唯一的一个三角形，于是，我们把三角形中间填满，就能得到平面的一部分，再往外延伸，自然就得到整个平面了，所以，三点可以唯一确定一个平面。

复盘完毕。可惜，回答错误。

你看，我们如果把这三点都放在同一条直线上，会出现什么情况？是不是又变成了两点的情况？因此，只有不在同一条直线上的三点才能唯一确定一个平面。

在这个简单的例子中，我们用了猜测、化归、反例等多种手段。有的同学可能很不服气:"就这,有什么好锻炼的?"

唉,高不成低不就——这种简单的你不练,难道上来直接打"满级老怪"?所谓的"数学感觉"和严格性,不就是这样一点一点训练出来的吗?

接下来,我们看看通过上述的猜想,能推出一些什么结论。

- 如果两个平面有交点,那么所有的交点会落在同一直线上。
- 经过一条直线和直线外一点,有且仅有一个平面。
- 两条相交直线可以确定一个平面。
- 两条平行直线可以确定一个平面。

> 最后那两句话怎么好似废话?
> 两条直线的位置关系除了相交,
> 那不就是平行吗?

数学书上一般不会有废话。如果真如你所想,那书上就会写:"任意两条直线确定一个平面。"这样的叙述说明什么?除了平行和相交以外,两条直线还存在着其他位置关系。事实上,第三种位置关系并不难想象。比如,图 1.1 中的立方体的两条棱 AB 和 DD_1,显然,它们既不平行也不相交,呈现出了第三种位置关系,我们称之为异面直线,其严格定义是:不同在任何一个平面内的两条直线。

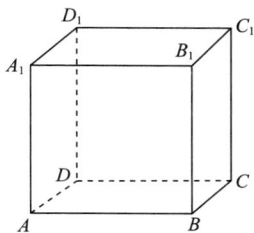

图 1.1

我们常常讨论新知识和旧知识的区别和联系。在立体几何中，直线平行和相交的知识内容显然和平面几何有联系；而异面直线，就属于区别。在平面几何中与直线平行和相交有关的结论，不一定都能"移植"到立体几何中，但是，我们肯定可以借鉴很大一部分内容，而异面的情形就需要着重学习了。当然，在学习"区别"的过程中，我们要尝试利用平面几何中的结论，这样可以减少学习新知识带来的陌生感。关于异面直线的内容，我们后面会详细阐述，这里先按下不表了。

位置关系

既然直线相对于平面的关系，看起来就像点相对于直线的关系，那么，原来在平面几何中关于直线位置关系的一些结论是否可以推广到立体几何中呢？

比如，什么是平行直线？

原来我们可以直接说：假如两条直线没有交点，那么这两条直线平行。但是，现在由于有异面直线的概念，我们必须加上前提：在同一平面内，如果两条直线没有交点，则两直线平行。你看，这就是所谓的严格性。

立体几何中的平行和平面几何中的有什么不一样呢？事实上，立体几何中的平行有以下公理：若 $a \parallel b$，$a \parallel c$，则 $b \parallel c$。

这和平面几何中有什么不一样？有，在平面几何中，这三条直线都在一个平面内，而在立体几何中却不一定，比如，我们在一个立方体中很容易找到三条两两平行却不在一个平面内的直线。所以，这条公理说明了什么？我留给你一些思考时间，答案在下一章中给出。

平面平行的定义可以通过直线平行的定义直接推广得到吗？可不可以说，两个平面如果没有交点，则两平面平行？

其实关于平面的平行，我们有很直观的例子：立方体中任意一组相对的面都是互相平行的，而且，这也确实符合我们提出的平面平行的定义。我们从反面考虑，如果两个平面有交点，那么必然有交线，这和几何直观完全不符，因此这个定义应该是没问题的。

我们又该怎么定义两个平面互相垂直呢？很显然，这是平面相交的一种特殊情形。我们也很容易找到具体的例子：在立方体中，任意相邻的两个面必然是互相垂直的。但又该怎么具体定义呢？在同一平面内，两条直线垂直意味着它们的夹角为90°。照此想来，我们很自然会想：应该如何定义两个平面之间的夹角？只不过，这次下定义不像平面的平行那样容易了。我再次先按下不表。

我们有了直线和直线的位置关系，也有了平面和平面的位置关系，那么，直线和平面之间的位置关系该是怎么样的呢？

从前面的分析中可以看出，直线和平面的交点数量只可能为 0 个、1

个和无穷多个。对于直线和平面没有交点的情况，我们称直线和平面平行；交点个数为 1 个，我们称直线和平面相交；交点个数多于 1 个，我们称直线在平面内。和平面几何相比，这也是一类新增的问题，需要我们重点学习。

我们将通过什么方法来学习平面和平面，以及平面和直线之间的位置关系呢？必然是通过转化为直线和直线之间的关系——尽管我们一时间很难想到具体的办法，但化归的思想告诉我们，这几乎（自信点儿，去掉"几乎"二字）是唯一的途径。

历年的高考往往会在选择题部分出一道和基本概念有关的立体几何问题，我们不如来看看这些基本概念都能变出哪些花样，这样你就会明白为什么在高中阶段你想"刷题"都未必刷得动。

注意，本书中的所有例题，我建议你自己先做一遍，然后再看我给出的解答过程。

例1 三个平面可以把空间分成几部分？

我们该怎么思考呢？从化归的角度看，这道题可以经过怎样的"改造"，变成我们熟悉的样子？

正如从点对应直线，可以想到直线对应平面，那么自然，从直线对应平面，就能想到平面对应空间。

所以，我们是不是可以考虑一个类似的问题：在同一平面内的三条直线可以把这个平面分成几部分？

这个问题看起来也有点儿棘手，没关系，我们继续化归。这次该从哪个角度化归呢？"直线如何分割平面"这个问题，已经不能再"降维"简化了，既然如此，可否对直线的条数进行简化呢？

最简单的办法自然是把问题变为："一条直线可以把平面分成几部分？"显然答案是 2 个部分——不管你怎么分，答案都是 2 个部分。

那么两条直线的情况呢？两条直线之间的位置关系既可以是平行，也可以是相交（在这两种关系下，两条直线都在同一平面内），所以我们有必要把两种关系的情况分开来看。如果两条直线平行，那么平面可以被分成 3 个部分；如果两条直线相交，那么平面可以被分成 4 个部分。

很好，那么三条直线的情况呢？我们沿着研究两条直线的情况的思路走下去：在同一平面内，如果有两条直线平行，当第三条直线和这两条直线平行时，平面被分成 4 个部分；当第三条直线和这两条直线相交时，平面被分成 6 个部分。

如果有两条直线相交，当第三条直线和其中任何一条平行时，这就转化成上面的第二种情况；当第三条直线从这两条直线的交点穿过时，平面仍然被分成 6 个部分；当第三条直线不从这两条直线的交点穿过，而和这两条直线两两相交时，平面被分成 7 个部分。

现在，我们把直线换成平面，把平面换成空间，利用想象力或画出草图，我们发现以上结论都可以直接被推广。所以例 1 的答案是三个平面可以把空间分成 4 个、6 个或 7 个部分，对吗？

如果推广方法如此简单，完全不需要区分立体几何和平面几何中的不同情况，那么这样的题目还有什么意义？显然，分成 4 个、6 个或 7 个部分的情况肯定存在，那么，会不会有其他的情况呢？

这时候，我们就要找空间和平面之间的不同了。我们之所以会得到上述答案，是因为刚才我们完全仿照在同一平面上用直线分割平面的情形。空间中有没有独有的分割方式，是在平面上模拟不了的呢？

就算还有什么是我们刚才没想到的，那也一定不是存在"平面相互平行"的情形，因此，我们接下来主要围绕三个平面相互都不平行的情况展开思考。

如果我们把一个西瓜看作一个空间，那么每个平面穿过这个空间，就像是它切了西瓜一刀。我们不用在乎前两刀是咋切的，因为只要不是平行地切两刀，且两刀交点不在瓜皮上，西瓜总是被分成 4 块……那么第三刀呢？如图 1.2，只要第三刀能通过这 4 块中的每一小块，是不是就能把西瓜分成 8 块了？

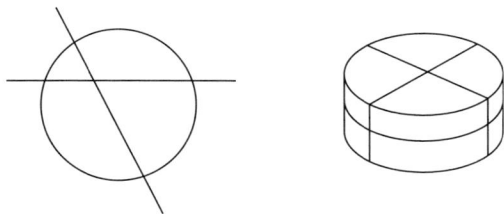

图 1.2

如果你能把题目做成这样，假如满分是 100 分的话，那我可以给你打 90 分——还差 10 分，并不是因为我怕你骄傲，而是其中一种情况分析得有瑕疵。你先自己想想，究竟是哪种情况的分析不够完美？

没错，是分成 7 个部分的情况。事实上，三刀切下去能分成 7 块西瓜，这是有条件的：此时，任意两个平面的交线必须是互相平行的。否则就会切出 8 块。

可是，贼老师不是一直提倡答案对了就好吗？

你要是这么想，就是典型的看书看一半。我一直说的是，考试的时候答案对就行，但平时要尽量弄清楚每个细节。何况，立体几何中的细节并不难弄明白，稍稍努努力就行。

例2 **若两直线平行，求证：若一个平面和其中一条直线相交，则必与另一条也相交。**

瞧瞧，"这也需要证啊？"的证明题又来了，这难道不是很显然的结论吗？结论确实很显然，但它还真的需要证明，因为它不是公理啊！

这时候，我们该如何化归呢？一个一个来解决。首先，你别怕这种证明题，要知道，每年高考题总会出现新玩意儿，你要是一看见从来没接触过的表述就发慌，出题人的目的就达到了。本题的题干很明确——"两直线平行"，那我们不妨设这两条直线为 a, b，则 $a \parallel b$。这就是先把中文翻译成数学语言。其次要处理"一个平面和其中一条直线相交"这个条件。我们通常用小写的希腊字母表示平面，这里记平面为 α，则 $\alpha \cap a = A$（平面 α 与直线 a 相交于点 A），而目标是证明 $\alpha \cap b = B$（平面 α 与直线 b 相交于点 B）。

如果你是一名初学者，看看你能不能自己做到这一步。如果能，那说明你基础还行；如果不能，那说明你对记号系统还不熟悉，需要加强这方面的训练。

接下来该怎么考虑呢？我们之前讲过直线和平面的三种位置关系：平行、相交，以及直线在平面内。相交就是指直线和平面有且仅有一个交点的情形。

直接证明直线 b 与平面 α "相交"，我们确实没有思路；那如果说明该直线与平面不平行，且不在平面内，是不是就能说明直线和平面相交了呢？

若 $b \subset \alpha$，它和 $a \parallel b$，$\alpha \cap a = A$ 会引发什么问题呢？由于 $b \subset \alpha$，$A \in \alpha$，那么 α 就是由直线 b 和 b 外一点 A 所生成的平面；而 A 又是直线 a 上的点，因此平行直线 a、b 生成的平面也是 α，于是可以得到 $a \subset \alpha$，矛盾！因此 $b \not\subset \alpha$。

再考虑 $b \parallel \alpha$，它和 $a \parallel b$，$\alpha \cap a = A$ 会引发什么问题呢？由上一步的分析可知，直线 a、b 生成的平面和直线 b 与点 A 生成的平面是相同的，我们不妨把该平面记作 β。很显然，平面 α 和 β 有一个交点 A，于是一定有一条交线 AB。

此时，直线 AB、a 和 b 都在同一平面 β 内，我们又可以推出 $AB \cap a = A$，且 $a \parallel b$，所以直线 AB 和直线 b 必然有交点，不妨把该点记作 B。此时，我们就找到了直线 b 和平面 α 的交点。

这个过程好像没有矛盾啊？

是的，而且我们连 $b \parallel \alpha$ 这个假设也没有用到。

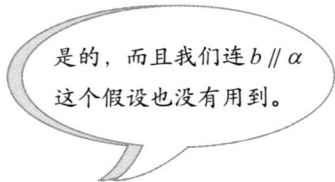

换句话说，原本我们想通过反证法来证明，结果直接正面解决了问题。像这样的试探，在高中阶段的数学学习里是十分常见的，面对一下找不到思路的情况，你可以利用反证法，这相当于多了一个条件。而且在试探的过程中，反证有可能就逐步变成正面证明了。

例3 已知 E、F、G、H 分别是空间四边形 $ABCD$ 各边 AB、AD、CB、CD 上的点，且直线 EF 和 GH 交于点 P，求证：点 B、D、P 三点共线。

我们在学习平面几何时，很少见到三点共线。我们来看看怎么证明。

条件中有没有什么特殊的地方？没有，四边形是任意的，点也是任意的，所以题眼只能在结论上——我们要从结论入手，从结论中找破绽。

B、D、P 三点有什么特殊的地方？在你往下看之前，请先想一想在这三个点中，哪个点具有与众不同的性质呢？

点 P，对不对？因为直线 BD 其实可以看成平面 ABD 和平面 CBD 的交线，但点 P 是直线 EF 和 GH 的交点，和点 B、D 得到的方式是不一样的。所以，比较合理的想法是证明点 P 在直线 BD 上，对吧？

如果你只想到了这步，也是极好的，因为这时候你很可能走在一条正确的道路上。我反复强调过，做出一部分总比束手无策要强，能判断出思路是否正确总比判断不出来要强。我们在日常练习中，要慢慢学会大致判断思路正确与否。能找到三个点中的异同，能确定谁是主攻目标，哪怕最后题目没做出来，你也赢了一半。

我们如何证明点 P 在直线 BD 上呢？不妨回头看看点 P 是从哪里来的。

条件告诉我们，点 P 是直线 EF 和 GH 的交点，而直线 EF 和 GH 分别属于平面 ABD 和平面 CBD，也就是说，点 P 也分别属于平面 ABD 和平面 CBD，而两个平面有且仅有一条交线，因此点 P 一定在直线 BD 上，我们完成了证明。

02
基本位置关系

  随着平面的引入，原来在平面几何中只有直线和直线的位置关系（以下简称线线关系），现在，在立体几何中多了直线和平面（以下简称线面关系）、平面和平面（以下简称面面关系）两种位置关系；而且原来在平面几何中，直线和直线的位置关系只有平行和相交，现在又多了一种——异面。这些新增加的内容必然是学习的重点。

  在开始学习之前，请你思考这样两个问题：一，我们该如何处理异面直线？二，我们该如何处理线面关系和面面关系？

> 这些问题怎么看起来都无从下手呢？

  真是这样吗？我看不见得。异面直线对于初学者来说完全是陌生的，但我们熟悉同一平面内的线线关系——别说平行关系，就是线与线的夹角，我们也能熟练地计算出角度，对吧？

这下有思路了吗？利用化归的思想，我们要处理异面直线，是不是要先把它们弄到同一个平面内？那怎么弄到同一个平面内呢？我们是不是只要平移其中一条直线，使其与另一条有交点即可？所以，第一问的答案就是：通过平移来处理异面直线。

有了第一问做榜样，第二问又该怎么回答呢？

线面关系和面面关系对我来说是陌生的，但线线关系我熟，所以是不是该把线面关系和面面关系转化成线线关系？

你看，这就回答得很好啊！我们不妨再问得细一点儿：具体该怎么做？

我们肯定要找到一条特殊的直线，让它代替整个平面，这样才能把面转化成线。

非常好，非常好。此时，虽然我们还不知道具体怎么操作，但化归的思想已经是非常清晰的了。这种问题虽然不是解答题，但在潜移默化中，加深了我们对基本概念的理解，有助于我们在短时间内学习未知的知识点。

我们首先来研究异面直线之间的位置关系。

所谓异面直线是既不平行也不相交的两条直线。我们在现实中很容易找到这样的例子，那么我们该如何描述它们之间的位置关系呢？

如果把一间教室当作一个规整的长方体（图 2.1），我们很容易找到这个长方体的棱，如果这个长方体的两条棱为异面直线（我们选出 AA_1 和 CD），凭你的直觉判断，它们应该有着怎样的位置关系？

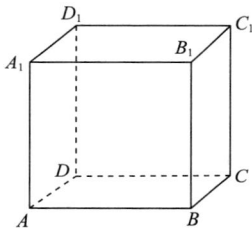

图 2.1

垂直，对不对？虽然它们不在同一个平面内，但几何直观告诉我们，这两条直线是互相垂直的。事实上，根据后面要讲述的异面直线相关理论，它们确实是垂直的。那么，我们具体该怎么得到这个结论呢？

必然要平移。在直线 AA_1 所处的面中找到和直线 CD 平行的直线 AB，如果把直线 CD 平移到直线 AB 的位置，就很容易看出直线 AA_1 和 CD 确实是垂直的。

所以，在计算异面直线的夹角时，我们只需把它们平移到同一个平面内，再计算其夹角大小即可。最简单的办法就是在其中一条直线上任意取一点，然后，过该点作另一条直线的平行线。为避免混淆，我们规定异面直线夹角只能为锐角或直角。特别地，如果两条异面直线的夹角为直角，我们称这两条异面直线互相垂直。

换句话说，我们把垂直的概念推广了。平面几何中的垂直关系必须在同一个平面内，所以我们有垂足的概念；而立体几何中的垂直关系就打破了这个局限。这会带来什么样的后果呢？

既然垂直的概念被扩大，适用的范围变得更广，那么限制也就少了。原来在平面几何中成立的结论，现在在立体几何中是不是就不一定成立了？

比如在平面几何中，我们有"若 $a \perp b$，$a \perp c$，则 $b \mathbin{/\mkern-4mu/} c$"。没问题吧？但在立体几何中，我们很容易就举出反例，使得 b 不平行于 c ——教室的一个墙角发出的三条直线就两两垂直，即 $a \perp b$，$a \perp c$，$b \perp c$，此时三条直线相交于一点。所以，对于在立体几何中的垂直关系，我们需要特别留心。

对于两条异面直线而言，我们很容易找到许多直线和它们俩都垂直，但在这些直线中，有且仅有一条能和这两条异面直线都相交。我们把和两条异面直线都垂直相交的直线叫作两条异面直线的公垂线。

仍然以图 2.1 中的长方体为例，直线 AA_1 就是 D_1A_1 和 AB 的公垂线。特别地，我们把公垂线被两条直线所截的部分称为公垂线段。

除去异面直线互相垂直的情况，它们之间的夹角当然可以是一般的角度。显然在图 2.1 中，如果连接点 B 和 C_1，所得的直线 BC_1 和直线 AD 就不垂直——它们的夹角为 45°。事实上，求异面直线之间的夹角是立体几何中一类非常重要的问题。

在最初接触异面直线时，我们需要一个辅助工具以便于快速地掌握相关内容，而这个工具之前其实已经反复登场了，它就是立方体（其实我故意把图 2.1 中的长方体的长、宽、高画得都相等）。不仅仅是为了计算异面直线的夹角，对于理解线面角和面面角，立方体也是非常好的辅助工具。

我们把立方体每个面（正方形）的对角线称为面对角线，如 BD、A_1C_1 等；我们把立方体中两个距离最远的点的连线称为体对角线，如 BD_1、AC_1 等（图 2.2）。

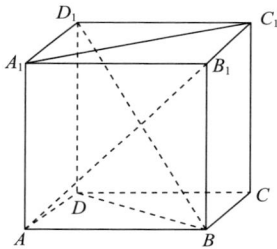

图 2.2

我们该怎么利用立方体进行异面直线相关问题的训练呢？

事实上，我们把立方体内的常见线段分成三类：棱、面对角线和体对角线。之前我们已经验证了，如果两条棱互为异面直线，那么它们必然垂直。棱和面对角线所成的角是多少度呢？棱和体对角线所成的角是多少度呢？面对角线和面对角线所成的角是多少度呢？面对角线和体对角线所成的角是多少度呢？

这里为什么没有讨论体对角线所成的异面直线之间的夹角呢？你自己画画图，就知道了。

如果你把立方体里的这些基本情况"玩"明白了，就可以把立方体砍去一部分，或者再接上一个立方体，拓展出全新的题目——这可比编写一道二次函数或一元二次方程组的新题目要容易多了。现在，你是不是能理解"题是出不完的"这句话的意思了？

理论上，我们现在可以计算所有异面直线所成夹角的大小了，但是，由于还缺少一点技术支撑，有些计算会显得非常麻烦，等我们讲完线面垂直以后，所有线线关系的计算就会被大大简化——你甚至可以尝试计算图 2.2 中 AA_1 和 B_1D_1 之间的夹角大小，但在这个阶段，这还是一件相当麻烦的事。

接下来，我们将学习线面关系。

直线和平面的位置关系分为直线在平面内、直线和平面相交、直线和平面平行。我们把直线和平面相交或平行的情况统称为直线在平面外。

直线在平面内的情形直接转化为平面几何中的情形，所以肯定不是立体几何范围内要讨论的重点，因此，学习的重心一定会放在直线在平面外的情形。

面对直线和平面平行、直线和平面相交这两类情况，如果让你自行选择学习的顺序，你会先选哪类情况呢？

当然要选直线和平面平行啊！几何性质越特殊，着力点就越多。

像这样"选择顺序"的问题，我在本书中会经常问一下。多思考这样的问题，你在潜移默化中就完成了对题目难度的判断，以及确定做题顺序的相关训练。这种训练对于提高学习成绩可能没有直接、快速的作用，但对培养快速学习的能力很有帮助。

几乎每年的数学高考题中都会出现一些"新概念"问题，这些概念可能是从更高级的数学内容中提取出来的，也可能是出题人"生造"的。这类题考查的核心就是考生在短时间内能否掌握一个新概念，并用来解决问题。而这种能力就能靠"选择顺序"这类基础练习培养出来，所以庄子曾说："无用之用，是为大用"，诚不余欺也。

我们掌握了直线和平面平行的定义，但需要深刻理解定义，也不代表一切都要从定义出发。我们该具体考虑哪些问题呢？你看这样两个问题是不是很合理？

- 如何判定直线和平面平行？
- 如果直线和平面平行，那会有哪些性质？

首先，我们来看直线和平面平行的判定定理：如果平面外一条直线和该平面内的一条直线平行，那么平面外的直线和已知平面平行。

第一步先做什么？没错，把文字翻译成数学语言。一定要养成这样的习惯，如果你能够做到在自然语言和数学语言之间"同声传译"，那按道理你不可能学不好立体几何。

我们把判定定理翻译过来就是：对于直线 a、b 和平面 α，已知 $a \not\subset \alpha$，$b \subset \alpha$，$a \parallel b$，那么 $a \parallel \alpha$。

我们已知的关于两直线平行的结论有：两平行线的同位角、两平行线的内错角相等，两平行线的同旁内角互补，以及平行线分线段成比例定理。但是，这些看起来都用不上——没有一个结论能帮我们证明一条直线和一个平面没有交点，因此，我们不如考虑使用反证法。

> 排除所有不可能的，剩下的即使看着再不可能，那恐怕也是正确的选择了。

我们假设 $a \not\parallel \alpha$，且 $a \not\subset \alpha$，那必然有 $a \cap \alpha = A$，又因为 $a \parallel b$，所以点 A 必然不在直线 b 上。过点 A 作平行于直线 b 的直线 c，因此有 $a \parallel c$。但点 A 显然是 a 和 c 的交点，于是，我们过直线外一点居然作出了和该直线平行的两条不同直线，矛盾！因此必然有 $a \parallel \alpha$。

这是判别直线和平面平行的方法。如果直线和平面平行，又可以得到什么样的性质呢？

我们不妨在立方体中考虑这个问题，任意取一个面以及一条和该面平行的棱，不难看出，过这条棱可以作无数个平面，其中有且仅有一个平面和我们取定的面平行，其他平面都和这个面相交。两个平面相交——关注的重点应该在哪里？必然是交线。这些交线都是互相平行的，而且很显然，它们都平行于我们最初选中的那条棱。这是几何直观，我们要做的是证明这种直观是对的。大胆猜测，小心求证。

性质：如果一条直线和一个平面平行，经过该直线的一个平面和该平面相交，那么这条直线和交线平行。

第一步自然是翻译：已知 $a \parallel \alpha$，$a \subset \beta$，$\alpha \cap \beta = b$，那么 $a \parallel b$。

没有同位角、内错角，也没有比例可循，我们只能用最原始的办法：证明直线 a 和直线 b 在同一平面内且没有公共点。

显然，直线 a 和平面 α 没有公共点，所以直线 a 和直线 b 一定没有公共点，而直线 b 也在平面 β 内，因此，同一平面内的直线 a 和直线 b 没有公共点，即 $a \parallel b$。

接下来，我们看直线和平面相交的情形。这时候，你首先考虑的会是什么问题呢？

直线什么时候和平面相交？这当然是一个问题，只不过答案有些平平无奇：当直线既不和平面平行，又不在平面内的时候，直线和平面相交。

再问一个问题，会是什么呢？

我们随手拿支笔，以不同的角度杵在桌面上，随着笔和桌面的相对倾斜程度不同，几何直觉告诉我们，这些相交的情形并不能简单地被归类。所以，我们是不是需要找到一种特殊的、比较容易上手的情形进行研究呢？

除了几何，在代数和解析几何的学习中，我们也可以采用研究特殊情形的方法来简化问题。就算最终不能完整地解决问题，解决一些特殊情形或解决问题的一部分，其实都是可以接受的结果，也是非常有效的得分策略。

那么，线面相交最特殊的情况是什么呢？几何直观会告诉我们，八成是垂直。尽管我们还没有线面垂直的定义，但这并不妨碍我们马上在立方体中找到例子：立方体中任意一条棱和与之相交的面是垂直的。

那么线面垂直的定义是什么？你如果仔细思考就会发现，这个定义挺难下的。虽然我们脑海中很容易浮现出线面垂直的样子，但要直接给出它的定义，可不像给线面平行下定义那么容易。先公布答案。

如果一条直线和一个平面内的任何一条直线都垂直，则称这条直线和这个平面互相垂直，其中，直线叫作平面的垂线，平面叫作直线的垂面。

不妨回忆一下线面平行的情形，平面外的直线和平面内的一条直线平行，即可说明线面平行；但线面垂直要求直线和平面内"所有直线"都垂直，这个条件看起来实在太可怕了。

我们换一个角度想想：如果直线和平面垂直，那就意味着直线和平面内所有直线都垂直了——这么一想，你是不是就开心了？

如果根据这个定义来判别线面是否垂直，那显然很麻烦，因为我们不可能穷举一个平面内的所有直线。因此可以肯定，应该有一个相对简化的判别定理。

定理：如果一条直线和一个平面内的两条相交直线都垂直，那么这条直线垂直于该平面。

看到这则定理，你会想到先做什么？翻译。很好，你已经有初步的学习意识了。只不过，我有个或许更好的建议，你想听听吗？

为什么定理中说的是"一个平面内的两条相交直线"？能否改为"一个平面内的两条平行直线"呢？你只要稍微动动脑筋就能举出反例：甚至在这两条平行直线所在的平面内，我们都能找到一条直线和这两条平行直线都垂直，这条公垂线显然和平面并不垂直。

在《不焦虑的几何：家长怎么教，孩子怎么学》一书中，我就讲过这种"修改定理"的训练方法，就是改编定理中的部分条件，从而得到一些新命题，然后看看这些命题是否仍然正确并加以证明，不知当时你是否按我的建议尝试训练过呢？如果没有的话，现在仍然来得及。

接下来，我们翻译一下定理：已知 $m \subset \alpha$，$n \subset \alpha$，$m \bigcap n = B$，$l \perp m$，$l \perp n$，那么 $l \perp \alpha$。

这个定理的证明有一定的难度，你不妨试试自己能想到哪一步。

鉴于直线 m、n、l 选取的任意性，直线 l 和直线 m、n 可能并没有交点，但是借助平移的方法，直线 l 可以转化为任意一条和自己平行的直线 p，因此，我们总是可以把 l 平移到点 B。

为什么要这样平移呢？你难道不觉得，三条直线交于一点起码看起来不让人那么头疼吗？至于把三条直线挪到一起以后怎么进一步处理，那是后话了，起码第一步要有这个感觉。一直以来，我都说"数学感觉"是一个很玄幻的东西，有了它能事半功倍，但要系统地培养这种感觉，还真有点儿困难，我们只能靠一点一滴地"熏"。就像把垂线平移到两直线的交点处使得三线共点，如果你没想到，其实就很值得反思一下。

平移之后呢？接下来是不是该处理平面和直线垂直的定义中所提到的"平面内任意直线"都和 l 垂直了？有了以上的思路，请问：凭你的感觉，这条"任意直线"应该位于一个什么位置比较合适呢？

首先在平面内随意选一条直线 k（不和 m、n 平行），不管这条直线 k 在平面的哪个位置，我总可以将它平移，使它穿过点 B，对不对？因为这对最后的结论没有任何影响，此时，条件变成了四线共点，然后，我们证明 l 和 k 垂直即可。如果在第一步的提示下，你能独立想到这步，那我觉得对初学者来说也是挺不错的。

这个定理的证明细节要用到全等三角形和等腰三角形的性质，但这并不是此次学习的重点，请你自行完成证明。如果你有困难，那么你在任何一本立体几何教材中都能找到完整的解答，这里我不再赘述。通过上述分析，能让你对"数学感觉"有一点儿直观的认识才是真正的目的。

通过这个定理，我们很容易得到几个推论：若 $a \mathbin{/\mkern-5mu/} b$，$a \perp \alpha$，则 $b \perp \alpha$；若 $a \perp \alpha$，$b \perp \alpha$，则 $a \mathbin{/\mkern-5mu/} b$。

有了线面垂直的概念后，我们可以从平面外一点向平面引垂线，这个点和垂足间的距离叫点到平面的距离。不难证明，如果一条直线和已知平面平行，则该直线上任意一点到平面的距离都相等。

垂直显然是线面相交的特殊情况，而更多的线面相交并没有那么好的性质。根据先特殊再一般的规律，我们在研究线面相交的时候很可能会借助线面垂直的相关结论，这也是学习数学的一般规律。

经常有同学抱怨自己在学习过程中无法把知识点联系起来，仿佛各种知识点都是各自为战。这次，你不妨跟着我看看怎么串联知识点。

在一般的线面相交（非线面垂直的情况）中，交点肯定是值得关注的地方。无论学习数学的哪类内容，"公共部分"肯定含有最丰富的性质。此时，我们把直线和平面的交点称为斜足，斜线上一点与斜足之间的线段称为斜线段——你看，是不是完全可以类比垂足和垂线段？

我们知道，如果直线和平面垂直，那么直线和平面内任意一条直线的夹角都是 90°；但如果线面不垂直，那么直线和平面内不同直线的夹角大小肯定不一样。

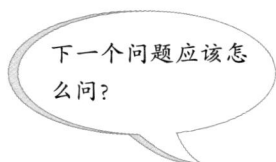

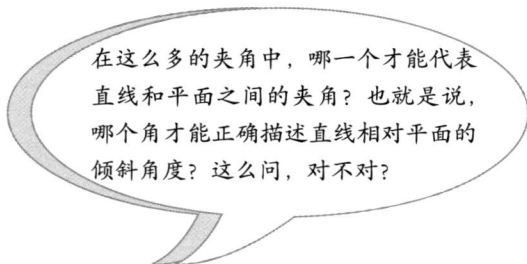

下一个问题应该怎么问？

在这么多的夹角中，哪一个才能代表直线和平面之间的夹角？也就是说，哪个角才能正确描述直线相对平面的倾斜角度？这么问，对不对？

如果你能想到，这个角度需要通过线面垂直来描述，那就更好了。事实上，我们在直线上任意取一点向平面作垂线，连接垂足和斜足得到一条线段（图 2.3 中的线段 BC），此线段和斜线段所成的夹角（锐角）即为直线和平面所成的角（图 2.3 中的 $\angle ACB$）。由垂足和斜足所确定的直线称为直线在平面上的射影，而这条线段称为斜线段在平面上的射影。

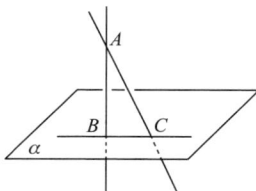

图 2.3

看到这里，我们发现原来直线和平面相交的各类问题，在本质上就是求解直角三角形啊！因此，勾股定理和三角函数是必不可少的工具。对于这类问题，即使不举具体例子，我们也可以大致摸索出一些解题规律：

- 先平移，把各种相关线段挪到一个直角三角形中；
- 再利用勾股定理和三角函数，完成各种计算。

这就是推理的力量。

下一个问题在意料之外，又在情理之中：为什么要选这个锐角作为直线和平面所成夹角的代表？它到底有什么特殊性质？平面内过斜足的直线有无数条，它们和已知直线的夹角有无数个，这些夹角与已知直线和射影直线的夹角相比，有什么不一样的地方呢？

按道理，这个角一定有其过人之处，所以我们很合理地猜测：它一定是所有过斜足直线和已知直线的夹角中那个最大或最小的角。到底对不对？如果它的度数大小排在中间，你觉得，这样的定义有意思吗？

如图 2.4，已知直线 l 与平面 α 相交于点 O，在直线 l 上任意取一点 A 向平面作垂线，垂足为点 B，连接垂足 B 和斜足 O，线段 OB 所在直线 l' 和斜线 l 的夹角（锐角）为 θ。在平面 α 内取任意一点 D，连接 OD，过点 A 作 $AC \perp OD$ 于点 C，显然 $AC > AB$（这一点很容易证明：如果连接线段 BC，则线段 AC 是直角 $\triangle ABC$ 的斜边，即平面外一点和平面内任一点相连得到的线段中，垂线段最短），且 AO 是直角 $\triangle AOB$ 和直角 $\triangle AOC$ 共用的斜边，因此 $\angle AOC > \angle AOB$。

换句话说，直线 l 和平面 α 所成的"夹角"是直线 l 和平面 α 内所有过斜足 O 的直线所生成的角中最小的那一个——这才有代表意义嘛！

接下来我们再看一个重要的定理及其逆定理。

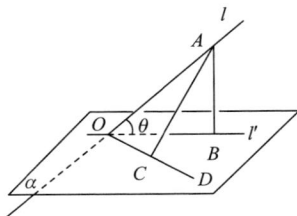

图 2.4

三垂线定理：平面内的一条直线如果和该平面的一条斜线的射影垂直，那么这条直线和斜线垂直。

其逆定理为：平面内的一条直线如果和该平面的一条斜线垂直，那么这条直线和斜线的射影垂直。

现在我们如果再要证明线线垂直，是不是比在平面几何中多了一样工具？仅需证明一条直线和某个平面垂直，那么这条直线和该平面内任意一条直线都垂直。这也是立体几何中特有的线线垂直证明方法。今后，在不使用向量法的前提下，这几乎是一条必然的证明思路了。

此时，我们再回答前面提出的问题：如图 2.5，立方体中 AA_1 和 B_1D_1 之间的夹角为多少度？

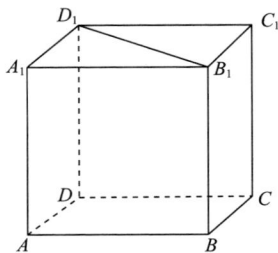

图 2.5

显然 AA_1 垂直于 A_1D_1 和 B_1A_1，因此 AA_1 垂直于平面 $A_1B_1C_1D_1$，因此 AA_1 和 B_1D_1 之间的夹角为 $90°$。

我们称立方体为最好的新手训练工具，是因为它能够提供各种基础训练。比如，你可以试着在立方体中找到一组满足三垂线定理条件的线段。注意到在平面 $ABCD$ 内，直线 AC 是平面外直线 A_1C 的射影，而 $BD \perp AC$，因此 $BD \perp A_1C$。

什么？想练习异面直线的夹角问题，但题目有限？

设点 E 在线段 CD 上，且 $CE = \dfrac{1}{m}CD$，点 F 在线段 AB 上，且 $AF = \dfrac{1}{n}AB$，求异面直线 EF 和 A_1D 的夹角。

是不是出题思路打开了？够不够你练的？玩熟立方体，对后面学习向量法有着极大的好处，因此，建议你一定要认真揣摩好这个小方块。

接下来，我们看平面和平面之间的位置关系。在开始之前，我们仍然要先想一想有哪些值得研究的情形。平面和平面平行、平面和平面垂直、平面和平面相交——如果你能很熟练地想出来，说明你真正掌握了联系新、旧概念的方法。

我们已经讲过如何定义两个平面平行，那么，有没有好用的判别方法呢？

定理：如果一个平面内的两条相交直线和已知平面平行，则这两个平面平行。

我总是在说，证明的细节其实不重要，重要的是，我们能想到用什么方法证明。

要证明两个平面平行，我们有什么工具？什么也没有——除了定义。换句话说，我们现在要证明的是，两条相交直线生成的平面和已知平面没有交点，但是，我们现在能用的工具就是"如果两个平面没有交点，那么这两个平面平行"。

那么，反证法是不是唯一的方法？因为我们不可能从正面证明这个结论。我在此省略了具体的证明过程，你自己试试看。但我还是那句话，平时训练时，想到用什么证明方法，比"死扣"证明细节要重要得多。

有了这个定理，不难证明以下结论：

- 垂直于同一条直线的两个平面平行；
- 若两个平面平行，则其中一个平面内的任意一条直线必平行于另一个平面；
- 若一个平面和两个平行平面相交，则两条交线相互平行。

仿照异面直线的公垂线的定义，我们可以定义两个平行平面之间的公垂线，即和两个平行平面同时垂直的直线，而公垂线夹在两个平面之间的部分称为平行平面的公垂线段。显然两个平行平面的所有公垂线段的长度都相等，我们把这一长度称为两个平行平面间的距离。

两个平面相交的特殊情况是怎么样的呢？互相垂直。那么，如何定义两个平面相互垂直呢？我们继续看立方体。显然，立方体中任意两个相邻的面一定是相互垂直的，但该怎么定义呢？老规矩，你先试着自己定义一下，看看能想到哪一步。

什么是垂直？就是夹角为 90°。提到夹角，肯定要找两条相交直线，而且这两条直线要能代表这两个平面——对不对？所以，我们的目标是在这两个平面内各找一条直线，让这两条直线相交且夹角为 90°。此时，我们找到了一条看起来很合理的"代表"直线——这两个平面的交线。那么，另一条自然是其中一个平面内和交线垂直的直线。不幸的是，我们可以很轻松就举出反例（图 2.6）。

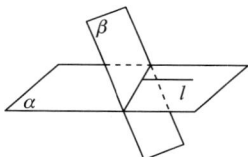

图 2.6

图 2.6 中的两个平面显然相互不垂直，但我们按照设想，仍然找到了符合条件的直线。

事实上，我们完全可以通过逻辑推理来说明之前的猜测不靠谱：如果这个夹角的一边是两个平面的交线，那么它的另一边只能属于其中一个平面，不可能同时属于两个平面。然而，现在要定义两个平面垂直，在定义过程中，其中一个平面竟然没有参与！你说，这样的定义合理吗？显然不合理，所以定义失败。

不要觉得失败是坏事，通过这样的练习，我们仍然有不小的收获——我们提升了自己合理猜测的能力。

事实上，定义两个平面垂直，首先要定义在一般情形下，两个平面所成的角——没错，理解线面关系是从特殊到一般，而理解面面关系是从一般到特殊。

那么，这次到底是先搞特殊，还是先搞一般？

可以先试试特殊情形，如果试不出来，再试试一般情形；一般情形再试不出来，就再试试特殊情形……要是尝试多次还没头绪的话，那就看看参考答案。

我们来看看平面和平面相交的一般情形。在生活中，这种现象实在是司空见惯，我们随手翻开一本书，就可以看见书的两部分形成了两个平面相交的一般情形。显然，书页张开的角度是可以变化的，所以，我们很自然会问一个问题：该选取哪个角作为平面夹角的代表？

两个平面相交得到的角的严格定义是什么？一个平面内的一条直线将其分成两部分，每个部分称为一个半平面。从一条直线出发的两个半平面所组成的图形叫作二面角，这条直线称为二面角的棱，两个半平面称为二面角的面。选取棱上一点，过该点分别在两个半平面内作棱的垂线，则这两条垂线所成的角称为二面角的平面角。

平面角为直角的二面角叫直二面角，这个时候两个平面垂直——如果你一读完上述二面角的定义，就能马上想到这一点，那么我刚才的铺垫总算没有错付。

从平面垂直的定义，我们可以得到以下结论：

● 如果一个平面经过另一个平面的一条垂线，那么这两个平面互相垂直；
● 如果两个平面垂直，那么在一个平面内垂直于它们交线的直线垂直于另一个平面。

有了这些基础，在理论上，我们就搞清了所有线线、线面、面面关系。在下一章中，我们将看到一些例子，到时候主要运用平面几何中一些常见的方法，并结合本章中提及的一些性质来解题。

作为初学者，你最好找一些简单的例子来帮助自己理解基本概念。我在这里再次强调立方体的作用，无论是线线关系、线面关系还是面面关系，在立方体中都能找到足够多的例子来帮助我们训练基本功。

三角函数在立体几何中有着独特的地位，关于角度的大量计算都要通过三角函数来完成，因此，如果你还不熟悉三角公式和正弦、余弦定理，那请你抓紧时间，查漏补缺。

通过学习这些基本概念，我们也看到了平移在立体几何学习中的重要作用，我们应该深刻理解通过平移把不在同一平面的直线转化到一个平面内，是利用纯几何方法解决立体几何问题的最根本思路之一。

记住本章的关键词：立方体、三角、平移。当然，如果你看完本章之后能自己概括出关键词，说明你初步掌握了学习数学的方法。

03
玩转立方体

本章中所有六面体图形均为立方体，且棱长为单位 1，不再特别声明。

如何利用立方体进行日常训练？立体几何的基本功有没有什么办法可以速成？

如果你平面几何学得很扎实，那你想学好立体几何，肯定比那些平面几何学得不够扎实的同学要少花费一些时间。注意，这个"扎实"是真的扎实，不是你自以为的扎实。如果只是你自以为的扎实，那可能还有点儿不够扎实。练习基本功还想要速成，说实话，你知道天下有什么功夫的基本功是可以速成的？练习基本功一定要摒弃急于求成的心态，必须慢慢磨炼。

立体几何的核心问题依然是数量关系和位置关系，所以在学习过程中，我们肯定要把在平面几何学习中的一些经验带过来，特别是加辅助线的经验。

你是否还记得**取中、作平、连对角、延一倍**这十个字以及它们的使用条件？没错，这是我在《不焦虑的几何：孩子怎么学，家长怎么教》一书中反复强调的添加辅助线的"十字原则"。事实上，很多读者在读完这本书后问我："除了这十个字还有很多其他关于添加辅助线的内容，你为什么不讲了？为什么关于圆的内容，书中只写了一点儿？圆的内容多丰富啊！"

做事情要有的放矢。毕竟为了应对中考，我在书中所讲的加辅助线技巧和圆的内容绰绰有余，而立体几何的内容和圆几乎没什么关系，最多就是在球的相关内容中会用到一点点。至于加辅助线的技巧，如果你能把这十个字掌握好，立体几何的加辅助线问题也是手到擒来。

和平面几何相比，立体几何中最大的难点莫过于对题目中一些条件的想象，以及各种和平面几何中不一样的位置关系。作为初学者，想在这些地方尽快上手，最好的办法就是把立方体研究透。在前一章中，我们提到了如何利用立方体进行基本功训练，但是，我相信对大多数初学者来说，感觉还是有些懵懵懂懂。

如果你对当下高考立体几何常见题的"套路"比较熟悉，那你就该知道，用空间向量的方法来解决立体几何问题已是"主流"，那我们为什么还要花这么大力气来训练立方体中的纯几何方法呢？我之前多次强调：对于选拔性的考试而言，正确率和速度是一个整体，不能割裂看待。空间向量法最大的好处就是可以规避辅助线，但如果坐标系选取得不合适，反而会增加计算量，浪费宝贵的时间。而且，空间向量法的核心在于找平面的法向量，如果你利用立方体好好进行基本功训练，就能很快找到现成的向量作为目标平面的法向量，如此一来，计算量会显著下降，不但能直接提高速度，而且能间接提高准确率。

利用立方体进行纯几何方法的训练，是为了培养你对空间图形的感觉，顺便训练判断思路的合理性。不能因为会用空间向量法就忽略了纯几何法的作用——吃了七个饼，肚子饱了，就说早知道不吃前面那六个饼了，合理吗？

当然，现在你听我这番话，可能还没有什么感觉，等到我们后面讲了空间向量法，你再回头看看，就会有完全不同的感受了。

教和学之间的差异还是很大的。我之前的书更多是作为家长的家庭辅导手册，教他们怎么帮助孩子学习数学，当然，也有能力较强的孩子能自主阅读。然而，一旦涉及高中函数和几何等部分的内容，我相信很多家长就开始腿肚子打颤了。本书完全面向学生，重点就是要教会他们怎么学立体几何，更重要的是，怎么从被动学习向主动规划过渡。

我之前没有特别强调孩子主动规划的问题，是因为我个人并不认为大多数孩子在高中之前能具备非常独立自主的学习能力。在小学和初中阶段，孩子能被动吸收各种信息，能把老师和家长要求的事情做好，就已经很不错了。不过，到了高中阶段，随着孩子心智不断成熟，无论是在生理上还是在心理上，他们已经具备自主学习的条件了。

实话实说，最好的学生是不用看本书的；水平比较好的学生，在看完怎么拿立方体训练基本功这寥寥数语后，就基本明白其中的奥秘了；一般水平的学生，就必须要认真看本章内容。如果看完本章内容，你仍然不知道怎么学、怎么训练自己，也不必灰心，哪怕仅仅把本章的例题弄明白，也肯定有收获。

能让所有学生都学会数学、掌握数学的学习方法，这样的教学方式不存在。但是，我们可以通过努力来无限逼近自己的能力极限。等到看完本章，你就会明白立体几何基本的出题套路以及破解方法，增强自己的信心——至于能不能提升学习数学的兴趣，咱们看缘分吧。

第一步，我们来看线线关系。

例 1 如图 3.1，计算异面直线 AH 和 DG 之间夹角的大小。

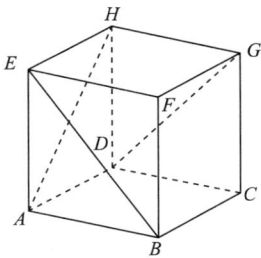

图 3.1

计算异面直线夹角度数，思路非常简单：直线平移后构成三角形，然后利用勾股定理、正弦定理或余弦定理就行了。在这里需要注意两点：**一是平移的合理性，二是计算的准确性**，余者不足虑也。

什么是平移的合理性？就是看平移哪条直线比较方便，而判断合理性的一个重要标志就是看有没有现成的平行线，也就是说，看看某条异面直线是否和其他已知直线构成平行四边形，或者是否和三角形的中位线相关联。

如果没有现成的直线能和所考虑的异面直线构成平行四边形或中位线，那么这是添加辅助线的一个方向——既有位置关系又有数量关系的辅助线，谁会不爱呢？

注意到图 3.1 中没有直线"天然"地与直线 AH 和 DG 平行，此时我们就该考虑加辅助线了。由于在立方体中，AH 和 DG 都是面对角线，两者地位一样，因此我们就不需要特别费心考虑先平移谁了。

和 AH 平行的直线有哪条呢？显然有 BG，而且它肯定是正确的选择，因为它可以和 DG 构成 $\triangle DGB$，而 DB 也是一条面对角线，因此 $\triangle DGB$ 是正三角形，即 $\angle DGB = 60°$。在高中阶段，我们也会采用弧度制表示角度大小，因此也可以说，异面直线 AH 和 DG 之间夹角的大小为 $\dfrac{\pi}{3}$。

我们再看一个拓展问题：**计算异面直线 AH 和 BE 之间夹角的大小**。

我先透露两个很有意思的间接思路：

- 已知直线 BE 和 DG 垂直，而直线 AH 和 DG 之间夹角的大小为 $\dfrac{\pi}{3}$，所以直线 AH 和 BE 之间夹角的大小为 $\dfrac{\pi}{2} - \dfrac{\pi}{3} = \dfrac{\pi}{6}$；

- 与例 1 原题中异面直线 AH 和 DG 之间的关系一样，异面直线 AH 和 BE 也属于立方体相邻两个异面的面对角线——位置关系相同，所以它们之间的夹角大小也应该是 $\dfrac{\pi}{3}$。

直接的思路也不复杂：把直线 BE 平移到 HC，马上可以得到直线 AH 和 BE 之间夹角的大小为 $\dfrac{\pi}{3}$。这道题充分说明了，不要简单地把平面几何中的互余概念照搬到立体几何中。

例 2 如图 3.2，计算异面直线 BH 和 DG 之间夹角的大小。

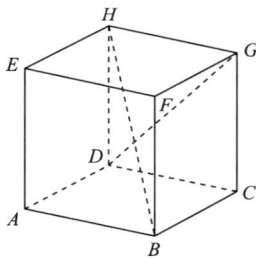

图 3.2

遵循合理性原则，我们先看看有没有现成能平移的对象。立方体中没有和直线 BH 平行的直线——这也彰显了体对角线的"崇高"地位。我们发现，虽然有 $AF \parallel DG$，但 AF 和 BH 构不成三角形，所以，这时候就要想办法添加辅助线了。

最自然的想法是让 DG 的平行线 AF 和 BH 拼出一个三角形，于是，我们考虑过点 B 作 AF 的平行线，这样三角形就拼起来了。为了方便计算，我们作出的平行线段要和线段 AF 长度相等，这样就能把 AF 放入一个新的平行四边形内。

事实上，我们不妨设过点 B 作 $BK \parallel AF$，且令 $BK = AF$，连接 FK，则四边形 $BKFA$ 是一个平行四边形。问题在于，HK 的长度该如何计算呢？

这很简单嘛，根据勾股定理，

$$HK = \sqrt{HE^2 + EK^2}$$

则

$$HK = \sqrt{1^2 + 2^2} = \sqrt{5}，\quad HB = \sqrt{3}，\ KB = \sqrt{2}$$

由勾股定理的逆定理可知 $HB \perp KB$，即异面直线 BH 和 DG 之间夹角的大小为 $\dfrac{\pi}{2}$。

答案是对的，但过程有瑕疵，问题出在哪里呢？你怎么就确定点 K 一定落在平面 $EFGH$ 上呢？而如果你不确定，你又怎么可以使用勾股定理得到 $HK = \sqrt{HE^2 + EK^2}$ 呢？

当然，想证明点 K 落在平面 $EFGH$ 上并不难，只要说明 E，F，K 三点共线，则点 K 落在直线 EF 上，从而点 K 在平面 $EFGH$ 上。但很显然，这是横生枝节啊。所以，我们往往采用以下办法来规避这种麻烦。

如图 3.3[①]，在原立方体旁边贴上一个与之全等的立方体，此时，我们就可以绕过证明点在平面上这一步，直接使用勾股定理了。

---

① 为方便读者理解，本书立体图形中可见部分均用实线表示，包括添加的辅助线。——编者注

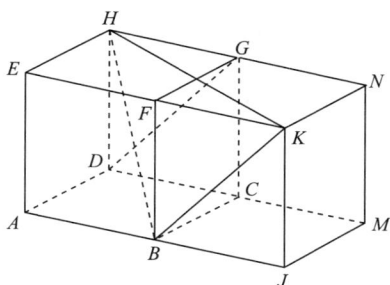

图 3.3

在处理立方体的相关问题时，这是一个常见技巧，适用于在单个立方体中找不到合适的线段来拼出三角形的情形。

我刚刚上高中，实在不习惯这种大开大合的辅助线添加方法……看起来要加很多辅助线啊。这种思路和我在初中阶段使用的方法貌似不是一个路子。贼老师有没有比较适合初中生思维方式的辅助线添加方法？让我先适应适应。

既不想添加一个新的立方体，又找不到可以组成三角形的现成线段，怎么办？

首先，我们要动体对角线 BH 是挺困难的，毕竟在立方体中，H 和 B 是距离彼此最远的两个点，稍微动一动线段 BH，它就跑出立方体了。所以，我们应该动一动面对角线 DG，但把 DG 挪到 AF 的位置上，貌似又过头了。不过在平移过程中，我们发现当点 G 挪到 FG 的中点 P，点 D 挪到 DA 的中点 Q 时，出现了 $PQ /\!/ DG$，且 PQ 和 HB 恰好是相交的，此时四边形 $PBQH$ 是平行四边形（图 3.4，证明四边形 $PBQH$ 是平行四边形的细节，请你自行补充）。

设 PQ 和 HB 的交点为 O，得到的 $\angle BOQ$ 即为所求异面直线的夹角。

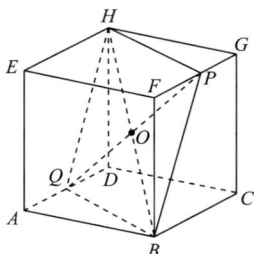

图 3.4

以上两种方法体现了典型的化归思想，其实在本质上，它们都是利用初中阶段的方法来解决问题——这当然没有任何问题，能解决问题的方法就是好方法。但有些同学或许不满足了：我都上高中了，总不能学的都是初中方法的延伸吧？

如果你能注意到 BC 垂直于平面 $CGHD$，就能发现 $BC \perp DG$；而又有 $DG \perp HC$，所以 $DG \perp$ 平面 HCB，即 $DG \perp BH$。这就是利用高中阶段的纯立体几何知识求解了。

显然，这种利用直线和平面垂直的办法是最简洁的，但对初学者来说也是最难想到的。这看起来有点儿"事后诸葛亮"：贼老师肯定事先知道了 $DG \perp HB$，所以结合 $BC \perp DG$ 就能想到 $DG \perp$ 平面 HCB，从而推出 $DG \perp HC$，然后装模作样地利用线面垂直，最终倒推出结论。

还真不是。如果你能够意识到，求 BH 和 DG 的夹角大小在本质上就是

求 BH 和 AC 的夹角大小，那么从图 3.4 中展现的这个角度来看，BH 和 AC 一定是垂直的，因此 $DG \perp BH$。

贼老师又骗人，前面还说空间想象力对学好立体几何没大用，这不是很管用吗？

哎，我可从来没说过空间想象力"没用"，我说的是，欠缺这种能力，对解答高考中的立体几何问题影响不大。空间想象力对学习立体几何当然有用，但如果你在这方面能力弱，也别灰心。你看，我们刚才不也用初中阶段的办法把问题解决了？我绝没有要求你掌握以上讲述的所有解法，而是希望你根据实际情况，选择适合自己的方式进行训练。"一招鲜，吃遍天"，足矣。

例3 如图 3.5，已知点 P 是 CD 的中点。

(1) 求异面直线 AP 和 CF 之间夹角的大小。

(2) 求异面直线 AP 和 HB 之间夹角的大小。

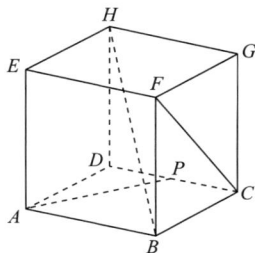

图 3.5

有了之前的经验，你现在处理这道题就应该快多了。如图 3.6，取 EF 的中点 Q，连接 PQ，则 $\angle QPA$ 和异面直线 AP 和 CF 之间夹角的大小相等。 $PQ = CF = \sqrt{2}$，$AQ = AP = \dfrac{\sqrt{5}}{2}$，由余弦定理可知 $\cos \angle QPA = \dfrac{\sqrt{10}}{5}$，于是异面直线 AP 和 CF 之间夹角的大小为 $\arccos \dfrac{\sqrt{10}}{5}$。

我们怎么把异面直线 AP 和 HB 平移到一个三角形中呢？如图 3.6，此时可以过点 B 作 $BK \parallel AP$，交 DC 的延长线于点 K，$BK = AP = \dfrac{\sqrt{5}}{2}$，$HB = \sqrt{3}$，$HK = \dfrac{\sqrt{13}}{2}$，于是 $\cos \angle HBK = \dfrac{1}{\sqrt{15}}$，即 $\angle HBK = \arccos \dfrac{1}{\sqrt{15}}$。

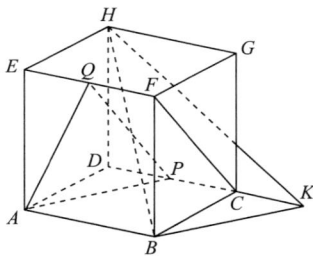

图 3.6

所以在理论上，你把立方体的各条棱、面对角线、体对角线随便分，随便连，在一个立方体内就会出现无数道异面直线相关习题供你练习。现在看来，出题好像不是一件难事啊？

第二步，我们来看线面关系。

例4 如图 3.7，求直线 FG 和平面 FHC 所成角的大小。

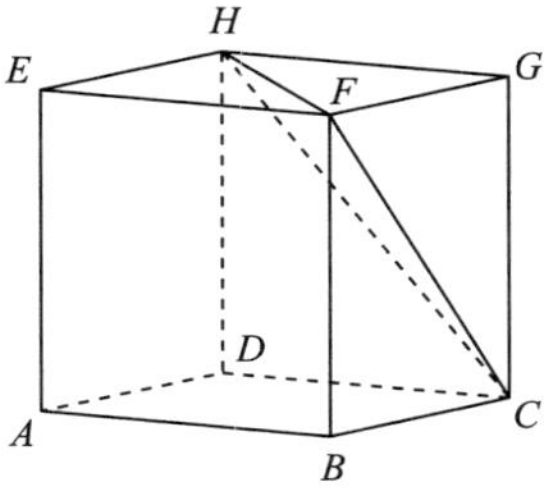

图 3.7

这张图吧，怎么看怎么别扭。很多初学者甚至会扭着头去看，或者索性闭目想象，反正起码先要花几十秒去想怎么才能找到相关的射影。

很多时候，出题人是在处心积虑地"搞事"。这样摆放立方体时，平面 FHC 的画法尤其让人感到不舒服，这就达到出题人要的效果了——这就好像明明指的是 π 却不说 π，非要说 $\frac{1}{2}\int_{-2}^{2}(\sqrt{4-x^2}+\mathrm{e}^{-x^2}\sin x^3)\mathrm{d}x$ 一样。

怎么破解？虽然平面 FHC 的位置让我们看着不舒服，但立体图形总能被转到一个让我们看着舒服的角度，然后我们再进行观察。

仔细观察一下这张图，平面 FHC 是怎么构成的？其实，它就是由三条面对角线围成的平面，所以，我们看看有没有其他视角更好、同样由三条面对角线围成的平面。事实上，平面 FHA、平面 FAC、平面 HAC 等平面都满足条件，而且，它们看起来都比原来的平面 FHC 要顺眼得多。

下一个问题自然就是：谁来取代直线 FG？你发现没有，点 G 相对于平面 FHC 的位置不就是点 E 相对于平面 FHA 的位置吗？其实，这也就是点 B

相对于平面 FAC 的位置，以及点 D 相对于平面 HAC 的位置。在这些等价关系中，你总能找到一个符合自己视觉习惯的角度吧？我们不妨选择点 E 相对于平面 FHA 的情形，此时求直线 FG 和平面 FHC 所成角的大小就变成了求直线 EH 和平面 FHA 所成角的大小。

下一个问题就是如何找角。

我们回忆一下求线面角的思路：首先，过直线上一点向平面引垂线；然后把垂足和直线与平面的交点相连；最后解直角三角形。然而等到真正实践起来，我们发现问题来了：过点 E 作 $EK \perp$ 平面 FHA，点 K 具体会落在平面 FHA 的哪里呢？

这也是解决线面问题的核心——找射影的位置。

如果你的几何感觉足够好，你就会发现 $\triangle FHA$ 是正三角形，而 $EF = EH = EA$，所以这个图形呈现出高度的对称性，从而，射影点 K 最合理的位置就应该在 $\triangle FHA$ 的中心！

有了这个猜测，我们接下来就要验证它是不是对的。如果点 K 是正 $\triangle FHA$ 的中心，那我们就先把直角 $\triangle KEH$ 找到。显然，现在的目标变为求 $\angle EHK$ 的大小。但是，除了线段 EH 的长度以外，线段 EK 和 KH 的长度都是未知的。哪条线段的长度才是主攻目标？自然是 KH。如果 K 是正 $\triangle FHA$ 的中心，那么线段 KH 的长度就是 $\dfrac{\sqrt{3}}{3} HF$，题目就做完了。当然，这一切的前提是点 K 的确是正 $\triangle FHA$ 的中心。

由于 $EK \perp$ 平面 FHA，而目标是证明点 K 是正 $\triangle FHA$ 的中心，所求的是

EH 和平面 FHA 所成角的大小，因此我们不如把这三个条件（或要求）结合起来看。我们会发现什么呢？

△EHK 是一个很关键的三角形，对不对？因为这个三角形把几条关键线段都放在一起了，而且，这里面又有那么多垂直关系。所以，我们现在的目标应该是找一条直线，使其和平面 EHK 垂直，对不对？而这条直线应该位于平面 FHA 上才最合理，对不对？

AF 露出了水面。由于 $EK \perp$ 平面 FHA，则 $EK \perp AF$；而 $EH \perp$ 平面 EAF，则 $EH \perp AF$，于是有 $AF \perp HK$（图 3.8）。

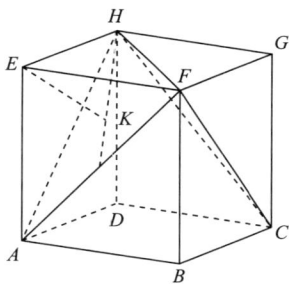

图 3.8

> 不对啊，你这样只能说明点 K 落在 AF 对应的高上，但不能说明它就是三角形的中心啊？

我再加上一句：同理可证 $KF \perp HA$，所以点 K 就是正△FHA 的中心。

剩下的事情就很简单了。$EH = 1$，则 $KH = \dfrac{\sqrt{3}}{3} HF = \dfrac{\sqrt{6}}{3}$，$\angle KHE =$

$\arccos\dfrac{\sqrt{6}}{3}$ 。

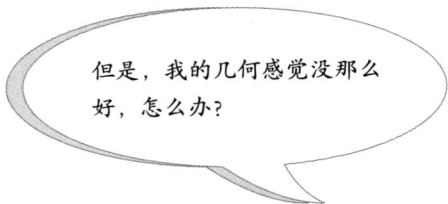

> 但是，我的几何感觉没那么
> 好，怎么办?

有办法。对于正三角形来说，它底边上的高是一种很好的辅助线。既然要求 EH 和平面 FHA 所成角的大小，我们的目标必然是找一个以 EH 为边的三角形，而 H 又是正 $\triangle FHA$ 的顶点，所以过 H 作 $HP \perp AF$ 于 P 是一种非常好的尝试，此时点 P 是 AF 的中点（图 3.9）。

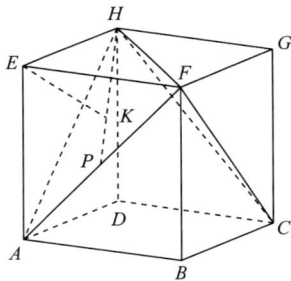

图 3.9

注意到 $\triangle AEF$ 是等腰直角三角形，所以 $EP \perp AF$ ，即 $AF \perp$ 平面 EHP ，从而平面 $EHP \perp$ 平面 FHA 。而 HP 是平面 EHP 和平面 FHA 的交线，因此过点 E 作 $EK \perp HP$ 于 K ，点 K 就是点 E 在平面 FHA 上的射影， $\angle EHP$ 即为 EH 和平面 AHF 所成的角。既然 $EH = 1$ ，那么有 $PH = \dfrac{\sqrt{3}}{2}HF = \dfrac{\sqrt{6}}{2}$ ， $PE = \dfrac{\sqrt{2}}{2}$ ，

则 $\angle PHE = \arccos \dfrac{\sqrt{6}}{3}$ 。

从这个思路中我们可以看出一个规律：如果一个图形可以看成是由多个具有公共底边的等腰三角形构成的，那么取该公共底边的中点是非常好的办法，这样马上可以生成两个互相垂直的平面。

如图 3.10，在空间四边形 $ABCD$ 中，$AB = AD$，$BC = CD$。此时，常见的辅助线添加方法是取公共底边 BD 的中点 E，连接 AE 和 CE，则平面 AEC $\perp$ 平面 BCD。

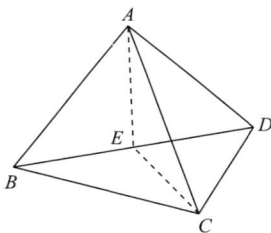

图 3.10

这样做的好处可太多了，既找到了直线 AC 和平面 BCD 所成的角，也找到了二面角 $A - BD - C$ 的平面角，即 $\angle AEC$。

在解决立体几何中位置关系的相关问题时，等腰三角形有着特殊作用，尤其是它底边的中点，需要你特别关注，往往破题的关键就在于此。

下面看一道例 4 的拓展题。

例5 如图 3.9，求直线 BG 和平面 FHC 所成角的大小。

做完例 4，本题就是心算题了，答案是 $\arccos\dfrac{\sqrt{3}}{3}$。

为什么这么轻松？我们同样用平面 FHA 代替平面 FHC，然后用 BE 代替 BG。根据例 4 中的结论，$\angle EPH$ 为直线 BE 和平面 FHA 所成的角，而 $\angle EPH$ 和 $\angle EHP$ 是互余的，于是可得直线 BG 和平面 FHC 所成角的大小为 $\arccos\dfrac{\sqrt{3}}{3}$。

例6 如图 3.11，求直线 BH 和平面 BGE 所成角的大小。

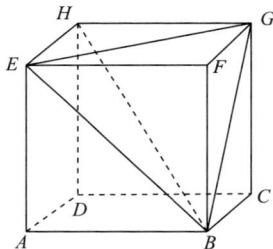

图 3.11

很显然，$HE = HG$，所以连接 HF，交 EG 于 P，$\angle HBP$ 就是所求的角。

等一等，这次咱们怎么不把平面转到舒服的位置，就开始做题了？把原图转为等价图形是初学者的辅助手段。我们这里可以给出舒服角度（图 3.12）。在入门阶段，做题速度不是主要要求。但在熟练了

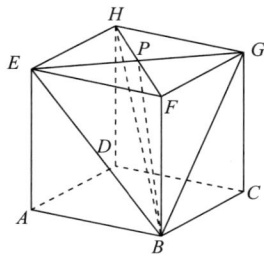

图 3.12

之后，你还是要学会在原图上操作，毕竟考试时间有限啊。当然，你如果对自己的实力有充分了解，在考前已经明确了，自己将放弃一部分难题的解答来确保在立体几何问题上不失分，那你不妨慢慢来处理立体几何问题。每个人都有不同的做题习惯，但在考试时，一定要以拿高分为目标，别犯傻。

由勾股定理可知

$$BH = \sqrt{3}，\quad BP = \sqrt{PF^2 + FB^2} = \sqrt{\frac{1}{2}+1} = \frac{\sqrt{6}}{2}，\quad HP = \frac{\sqrt{2}}{2}$$

由余弦定理可知 $\cos\angle HBP = \frac{2\sqrt{2}}{3}$，即 $\angle HBP = \arccos\frac{2\sqrt{2}}{3}$。

例7 如图 3.13，求直线 DF 和平面 BGE 所成角的大小。

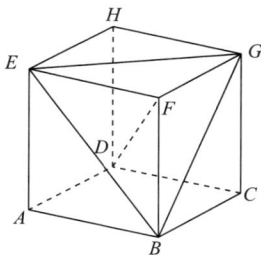

图 3.13

如果你几何感觉不错，你就能看出 DF 和平面 BGE 的交点应该在线段 EG 的中垂线上，也应该在线段 EB 和 BG 的中垂线上，即 DF 过正$\triangle BGE$ 的中心，所以，最大的可能就是直线 DF 和平面 BGE 垂直。

你能不能证明出来？

　　事实上，要证明 DF 和 EB、EG、GB 中任何一条直线垂直，难度都是一样的。既然如此，不妨以 EG 作为努力方向，如果我们能证明 EG 垂直于某个包含线段 DF 的平面（其实就是找一个以 DF 为边的三角形），那么另外两条线段和 DF 垂直就同理可得。所以，我们把目光集中到那些以 DF 为边的三角形上，而且，我们还要看 EG 和哪些已知线段垂直（包括没画出来的面对角线）。

　　注意到 $EG \perp HD$，$EG \perp HF$，即得 $EG \perp DF$，同理可证 $BG \perp DF$，因此直线 DF 和平面 BGE 所成角的大小为 $\dfrac{\pi}{2}$。

例 8 如图 3.14，求直线 HB 和平面 $EFCD$ 所成角的大小。

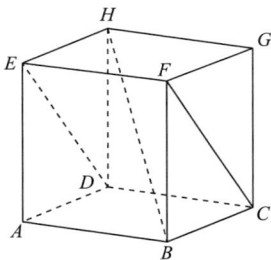

图 3.14

　　怎么找角？过点 H 向平面 $EFCD$ 引垂线。垂足在哪里？当从平面外一点向平面作垂线时，这总是我们要思考的第一个问题。

　　平面是一个无限延伸的概念，但在每道具体的题目中，平面大多数以三角形或四边形的"面目"出现。因此，三角形的边、高，以及四边形的边、对角线都是需要特别关注的对象。如果过平面外一点所作的直线能同时垂直于平面内三角形的两条边，或垂直于一条边和一条高，或垂直于两条高，那都是极好的；而对于四边形，也有类似的操作。

如果从四边形外一点，我们作不出能同时垂直于四边形内两条已知线段的垂线，那不如先抓一条已知线段看看。例如分析点 H 和平面 $EFCD$ 的关系，连接 HA 得 $HA \perp ED$，而 $EF \perp$ 平面 $EHDA$，则 $EF \perp HA$，于是 $HA \perp$ 平面 $EFCD$。

设 HA 和 ED 的交点为 K，则点 K 就是 H 在平面 $EFCD$ 上的射影。设 HB 和平面 $EFCD$ 的交点为 O，则 $\angle HOK$ 即为直线 HB 和平面 $EFCD$ 所成角。从对称性角度看，O 必然是 HB 的中点——当然这是直观判断，我们需要说明为什么 O 是 HB 的中点。注意到四边形 $EHCB$ 是平行四边形，则 HB 和 EC 互相平分，而 EC 也在平面 $EFCD$ 内，则 HB 和 EC 的交点即为 HB 和平面 $EFCD$ 的交点 O（图 3.15）。

于是 $OK = \dfrac{1}{2}$，$OH = \dfrac{\sqrt{3}}{2}$，即 $\cos \angle HOK = \dfrac{\sqrt{3}}{3}$。

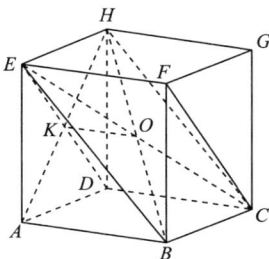

图 3.15

例9 如图 3.16，已知 P、Q 分别是 AE 和 BF 的中点，求直线 HB 和平面 $PQCD$ 所成角的大小。

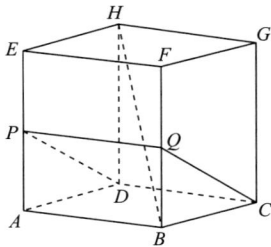

图 3.16

经过一番训练，你应该能看出因为 PQ 垂直于平面 $HDAE$，所以只要过点 H 作 HK 垂直 PD 于 K，则点 K 即为 H 在平面 $PQCD$ 上的射影。下一个问题自然是直线 HB 和平面 $PQCD$ 的交点在什么位置——对吗？你要是这么想，也没有任何问题。按照之前的思路，如果我们要找 HB 和平面 $PQCD$ 的交点，那就要把问题转化为寻找直线 HB 和平面 $PQCD$ 内一条直线的交点，而这条直线又恰好和 HB 在同一平面内。这时，你会把目光聚焦在哪里？线段 QD。

连接 QD（图 3.17），记 QD 和 HB 交于点 M，则

$$\frac{HM}{BM} = \frac{HD}{QB} = 2$$

即 $HM = \dfrac{2}{\sqrt{3}}$。由相似三角形的相关知识不难算得 $HK = \dfrac{2}{\sqrt{5}}$，则 $\sin \angle HMK =$

$\sqrt{\dfrac{3}{5}}$，即直线 HB 和平面 $PQCD$ 所成角的大小为 $\arcsin\sqrt{\dfrac{3}{5}}$。这么做当然没问题，只不过可以更简化一些。

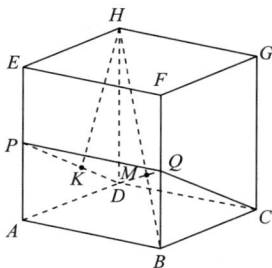

图 3.17

你注意到了吗？$\angle KHB$ 其实是 HB 和平面 $PQCD$ 所成角的余角，所以我们计算出 $\angle KHB$ 的大小即可。如果延长 HK 交 AD 于点 N，易证 N 是 AD 的中点，不难得到 $NH = BN = \dfrac{\sqrt{5}}{2}$，再利用余弦定理即可得到 $\cos\angle NHB = \sqrt{\dfrac{3}{5}}$，即直线 HB 和平面 $PQCD$ 所成角的大小为 $\arcsin\sqrt{\dfrac{3}{5}}$。

其实，直线和平面的交点比较难描述，在答题的时候，你要把这个点是怎么来的、位置在哪里等信息说清楚，往往需要写不少字，因此我们如果能规避这种方法就尽量规避。而我介绍的后一种方法直接绕开了交点，甚至我连直线 HB 和平面 $PQCD$ 所成的角都没有找，直接用其余角来解决问题，从而节省了大量的笔墨。

毫无疑问，上述两种方法都是正确方法，但从合理性的角度来说，后者略胜一筹。当然，在空间向量法面前，这一切都不重要。只不过，如果你能掌握一些几何细节，或许将来在使用向量法时，能大大降低计算量，而这一切又和辅助线的添加技巧密不可分，我后面会详细展开解释。

作为日常训练，我们也可以把原题中的条件改为 $EP = BQ = \dfrac{1}{3}$，或者 P、Q 中的一个仍是中点，另一个改为三等分点，然后求直线 HB 和平面 PQC（或平面 PQD）所成角的大小。总之，我们可以以立方体为基准，从中找出无数的平面和直线进行线、面、角的相关练习。

接下来，我们看看立方体中的二面角问题。

例 10　如图 3.18，求二面角 $F\text{-}EG\text{-}B$ 的平面角的大小。

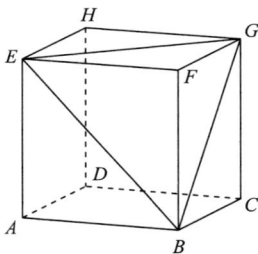

图 3.18

我们先回忆一下该怎么找二面角的平面角：首先在两个半平面的交线上找一点，然后在两个半平面内分别过该点作垂线，两条垂线的夹角即为平面角。显然，本题中两个半平面的交线是 EG，理论上，在其上任意选一点都可以作垂线，只不过大部分辅助线会让计算变得很不方便。

由于 $\triangle EGF$ 和 $\triangle EGB$ 都是等腰三角形，且都以 EG 为底（这一点很重

要!），所以取 EG 的中点 P，则不难证明 $\angle FPB$ 即为二面角 $F-EG-B$ 的平

面角（图 3.19），由勾股定理可得， $\cos\angle FPB=\dfrac{\sqrt{3}}{3}$ ，即二面角 $F-EG-B$ 的

平面角的大小为 $\arccos\dfrac{\sqrt{3}}{3}$ 。

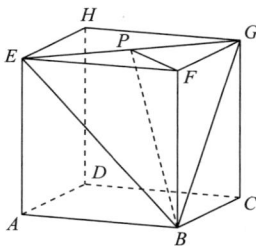

图 3.19

这道题似乎很简单，完全不像以往贼老师的例题风格。这中间有没有陷阱呢？完全没有。简单的题目一样能给我们很多启示，比如上一段括号里的那句话。在以往的教学和阅卷过程中，我经常会看到这样的错误：二面角确实是由两个等腰三角形拼成的，但公共边在一个三角形中是腰，在另一个三角形中是底。此时，你找出公共边的中点就只能得到一条"天然的"垂线，你需要经过中点单独作另一条垂线，然后再计算。

如图 3.20，已知 $AB=AC,BC=CD$ ，要求二面角 $A-BC-D$ 的平面角的大小，取公共边 BC 的中点 P ，由于 BC 是等腰 $\triangle ABC$ 的底，连接 AP 即可得一条垂线。然后初学者很容易出现的错误就是连接 PD ，事实上如果 $\triangle BCD$ 不是正三角形，那么 PD 并不垂直于 BC 。正确的做法是过 P 作 $PH\perp BC$ ，然后想办法求出 PH 的长度。

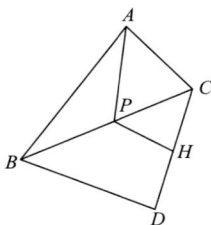

图 3.20

当然不光是初学者，哪怕是熟练工也可能犯这样的错误，这就会导致不必要的失分。而这种失分给考生带来的打击往往是全方位的——可不是仅仅丢了几分的问题，而是会导致后面考试心态的崩塌。

本题中二面角 $F-EG-B$ 的平面角是很容易找的。那我们把题目稍作改动：求平面 EBG 和平面 $ABCD$ 所成的二面角的平面角大小。

你会发现，平面 $ABCD$ 和平面 $EFGH$ 是平行的。如此一来，答案显而易见啊……真的吗？

如果你能这样想问题，那说明你已经具备了化归思想——知道利用已知结论求解未知的问题，非常好。但是——是的，总有"但是"等着我们——如果你毫不犹豫地认为答案显而易见，那说明你对基本概念掌握得还不够扎实。回忆一下异面直线的夹角以及线面角的取值范围，再回忆一下二面角的平面角的取值范围，你就明白了。

二面角 $F-EG-B$ 的平面角很明显是一个锐角，但平面 EBG 和平面 $ABCD$ 所成的二面角的平面角有两个，大小分别为 $\arccos\dfrac{\sqrt{3}}{3}$ 和 $\pi-\arccos\dfrac{\sqrt{3}}{3}$。所以，当涉及二面角的平面角大小的问题时，大家一定要问一问：会不会有两个答案？这也是初学者容易出错的地方。

取 EG 的中点是解决本题的常规做法，但还有另一种解法，我给你一点提示：如图 3.21，连接 FD，注意到 $FD \perp$ 平面 EBG。剩下的步骤你自己完成。

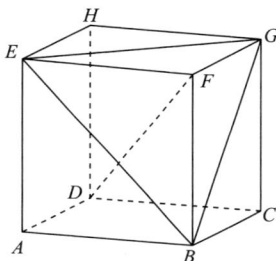

图 3.21

你能不能想出来另一种解法？如果想不出来，那么我再给你一点提示：如果一个角的两边垂直于另一个角的两边，那么这两个角相等或互补。建议你根据这个提示，多想一会儿。

还想不出来？好吧，揭晓答案。已知 $FB \perp$ 平面 $EFGH$，此时，无论二面角 $F-EG-B$ 的平面角在什么位置，$\angle DFB$ 的两边是不是一定垂直这个平面角的两边？因为 $\cos \angle DFB = \dfrac{\sqrt{3}}{3}$，而二面角 $F-EG-B$ 的平面角显然是一个锐角，所以该平面角的大小为 $\arccos \dfrac{\sqrt{3}}{3}$。

这个方法告诉我们：垂直于组成二面角的半平面的那些线段都值得特别关注。等你学会向量法就会发现，哪怕只看出其中一个平面的垂线，都能大大简化计算过程。

第三种方法是我读书时曾非常流行的所谓"面积法"。注意到点 B 在平面 EFG 上的射影是点 F，过点 F 作 EG 的垂线 FP，交 EG 于点 P，则 $BP \perp EG$，$\angle BPF$ 即为二面角 $F-EG-B$ 的平面角。而

$$\cos \angle BPF = \frac{FP}{BP} = \frac{\dfrac{1}{2} FP \cdot EG}{\dfrac{1}{2} BP \cdot EG} = \frac{S_{\triangle EFG}}{S_{\triangle EBG}}$$

我们把 $\triangle EFG$ 称为 $\triangle EBG$ 的射影三角形——$\triangle EFG$ 的每个顶点均为 $\triangle EBG$ 对应顶点的射影，于是二面角的平面角的余弦值等于射影三角形与原三角形的面积比。

可能有同学会问："求三角形面积还得先求高，这不是多此一举吗？"狭隘了啊。在高中范围内求三角形面积还有如下办法：

$$S = \frac{1}{2} ab \sin C$$

这样就可以避免求高，只要知道两个夹角的大小，就能把二面角的平面角给求出来了。很显然，这种方法更适合已知三角形两边长度及夹角大小，但求高相对来说比较麻烦的情形。

其实，以上这些方法都是从二面角的平面角的定义衍生出来的。如果你能清楚地判断出在什么情形下更适合使用哪种方法，那自然是极好的。如果你判断起来有困难，那不如老老实实地用三垂线定理找出平面角——这是基本方法——然后，你需要熟练运用各种三角学工具，这样一来题目总能做对，无非就是做题速度快或慢的问题。

再次强调一下：垂直于组成二面角的半平面的那些线段都值得特别关注。

例 11 如图 3.22，求二面角 $D\text{-}EG\text{-}B$ 的平面角的大小。

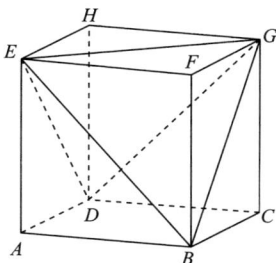

图 3.22

还是那句话：朴实无华的方法未必不是好方法。

我们看到，只要取 EG 的中点 P，连接 DP 和 BP，就有 $DP \perp EG$ 且 $BP \perp EG$，于是 $\angle DPB$ 就是二面角 $D\text{-}EG\text{-}B$ 的平面角（图 3.23）。通过计算不难得到 $DP = BP = \dfrac{\sqrt{6}}{2}$，$DB = \sqrt{2}$。由余弦定理计算得 $\cos \angle DPB = \dfrac{1}{3}$，即二面角 $D\text{-}EG\text{-}B$ 的平面角的大小为 $\arccos \dfrac{1}{3}$。

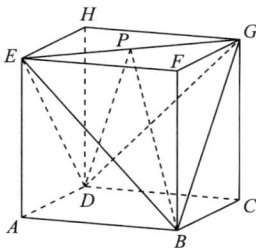

图 3.23

如果你能注意到 $DF \perp$ 平面 EGB，那么从对称的角度看，必然有 $BH \perp$ 平面 EGD，因此我们把求二面角 $D\text{-}EG\text{-}B$ 的平面角大小转化为求 BH 和

DF 的夹角了。

　　此时，如果我们继续在原图上标注辅助线，图就会显得很乱，容易看错。通常，我会把需要计算的三角形所在的平面单独抽出来，画一张平面草图（图 3.24）。然后在新的图中标注好数量关系，这样一来，即便手绘长度不精确，也不影响做题；在核对无误后再进行计算。我觉得，这虽然增加了一个环节，也增大了犯错的风险，但和在原图上直接添加更多辅助线、弄得一团糟相比，风险似乎小一些。

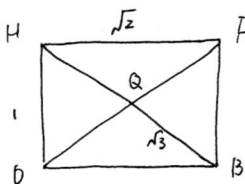

图 3.24

　　接下来，我们只需计算图 3.24 中矩形的两条对角线的夹角大小。当然，这里需要注意一点，两边和二面角 $D\text{-}EG\text{-}B$ 的平面角两边都垂直的角应该是 $\angle HQF$，而这个角和平面角的关系为互补，所以我们要计算 $\angle HQD$ 的大小。

例 12 如图 3.25，求二面角 $E\text{-}GB\text{-}H$ 的平面角的大小。

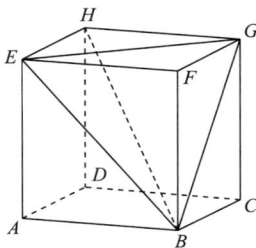

图 3.25

　　取线段 GB 的中点 P，连接 EP，则 $EP \perp GB$，而 $HG \perp GB$，于是问题来了：EP 和 HG 显然是异面直线，构不成三角形啊！所以，我们要通过平移把这两条线段挪到一起。如果平移 EP，就需要过点 E 作平行线——你看，要把辅助线加到哪里？在如此构成三角形后，我们需要说明的问题有一大堆，所以，这是一个正确却不合理的选择。

　　如果选择平移 HG 到 QP，其中点 Q 是 QP 和平面 $HEAD$ 的交点，这时该怎么确定点 Q 的位置呢？只要你学过一点初中的平面几何知识，基本上肉眼就能看出点 Q 其实是 HA 的中点。但要证明这件事情，还是挺费事儿的。因此在表述上，为了规避这种不必要的麻烦，我们只要连接 HA，取其中点 Q，连接 QP，显然有 $QP \parallel HG$（图 3.26）。

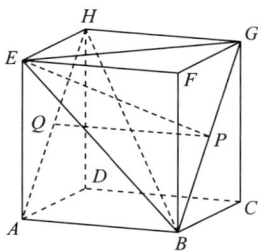

图 3.26

　　不难看出，$\angle EPQ$ 即为二面角 E–GB–H 的平面角，计算得 $\cos \angle EPQ = \dfrac{\sqrt{6}}{3}$。

例 13 如图 3.27，已知 J、K 分别为线段 HD、GC 的中点，求平面 EGB 和平面 $AJKB$ 所夹的锐二面角的平面角大小。

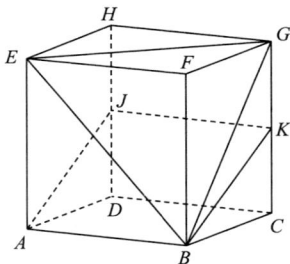

图 3.27

第一步先干什么？找交线。唉，这两个平面的交线并不好找啊。因此我们需要平移——这是不是一条很自然的思路？下一个问题自然是，平移哪个平面好呢？是平面 EGB 还是平面 $AJKB$？

我们稍微想一想就知道，如果平移平面 EGB，那平移后得到的平面一定超出了这个立方体；而平移平面 $AJKB$ 则仍能留在立方体的范围内折腾。因此，我们分别取 AE、BF 的中点 P 和 Q。显然，平面 $PHGQ$∥平面 $AJKB$，而平面 $PHGQ$ 和平面 EGB 的交线就出现了。记 PQ 和 EB 交于点 M，则点 M 显然是 EB 的中点；再连接 GM，即为平面 $PHGQ$ 和平面 EGB 的交线。$EM \perp GM$ 是天然成立的，于是在平面 $PHGQ$ 内过点 M 作 GM 的垂线，交 PH 于 N，则 $\angle NME$ 即为所求的二面角的平面角（图 3.28）。

接下来就是解三角形了。可得 $ME = \dfrac{\sqrt{2}}{2}$；利用相似三角形可知

$$\frac{NM}{MG} = \frac{PM}{QG} = \frac{1}{\sqrt{5}}$$

则 $MN = \frac{\sqrt{30}}{10}$；由勾股定理可知 $PN = \frac{\sqrt{5}}{10}$，由余弦定理可以得到 $EN = \frac{\sqrt{5}}{5}$，

再通过余弦定理求得 $\cos\angle NME = \frac{\sqrt{15}}{5}$。

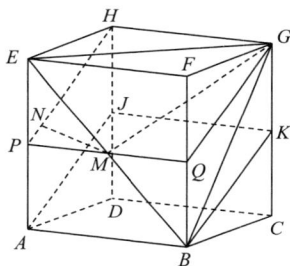

图 3.28

　　难吗？和初中平面几何中各种花里胡哨的技巧相比，高中立体几何中的辅助线并不难添加。虽然辅助线的总条数最终看起来可能不少，但思路是非常清晰的，就是有时候计算会很比较复杂——所以，即便到了高中阶段，计算能力也会直接决定立体几何题目最终的得分情况。

　　我们依然要学会复盘，看看有没有和这两个平面垂直的直线能直接构成角的可能性。事实上，$FD \perp$ 平面 EGB，若取 AD 的中点 T，连接 ET，则 $ET \perp$ 平面 $AJKB$，此时求二面角的平面角大小就变成了求异面直线 ET 和 FD 之间夹角的大小，计算量肉眼可见地下降了，具体细节留给你完成。

　　你就说，在求二面角的平面角过程中，直接找垂直相关平面的直线有没有用吧？

04
一些经典例题

例 1 求证：两个端点分别在异面直线上的所有线段的中点都在同一平面内。

对你来说，这道题的难点在哪里？你不知道所谓"同一平面"在哪儿，对吧？如果能找到"同一平面"，题目是不是就会降低一些难度呢？

所以，我们会很自然地问：怎么找到这个平面？

这时候，我们要继续问：如果想确定一个平面，需要哪些条件？

- 不共线的三点；
- 一条直线和直线外一点；
- 两条平行或相交的直线。

因此，想找到题目要求的这种平面，是很容易的：我们只需随便找到三个符合上述条件的中点，自然就可以得到一个平面。接下来，只要证明其他所有满足条件的线段和平面的交点恰好是线段的中点就可以了。

但是，现在的第一个问题应该是：以这两条异面直线上的点作为端点的线段，为什么一定和这个共同平面有交点呢？然后，第二个问题才是：为什么交点恰好是线段的中点呢？

你会发现，把第一个问题说清楚的过程其实挺不"数学"的：因为两个端点在这个共同平面的异侧，所以连接两点后得到的线段，一定和该平面有交点。

此外还有两种情况：若直线和平面平行，则直线上的点必然在平面的同侧；若直线就在平面内，则直线上不存在平面以外的点。

那为什么这些交点恰好是所有线段的中点呢？我们在初中时想证明一个点是一条线段的中点，往往会利用三角形的中位线；如果碰到的是直角三角形，那么还可以利用斜边的一半这类条件。但在这道题中，哪里有三角形啊？

我的老读者都应该知道，我一直强调：犯错不可怕，可怕的是犯了错、走了弯路，却不知道怎么调整。

平面肯定是要找的，但这个生成方法不太对——前面所描述的选取平面的方式太任意了，没有把条件充分利用起来，所以，我们是不是应该找个更好的生成平面的方法呢？我们回头看看，要证明的结论和中点有关。根据我们在平面几何学习中积累的经验，既然有这么多的中点，为什么不找出中位线呢？

好，既然要有中位线，那肯定要有三角形，但怎么找三角形呢？仔细研究这些中点，如果你任意挑选其中两个，它们所对应的线段不一定有公共顶点，那这些顶点就不一定能构成三角形。这是最大的问题。

于是我们从反面想，要构成三角形，我们不妨从其中一条直线（记作 l_1）上选一点 A，然后和另一条直线（记作 l_2）上的两点 D、E 相连，这样就可以得到一个三角形，并且，由中位线的性质可知，两个中点的连线一定平行于 l_2。重复这一操作，我们就能找到无数条平行于 l_2 的中位线；反之，如果从 l_2 上选一点和 l_1 上的两点分别连线，所得的两个中点形成的中位线平行于 l_1。所以，我们就得到了由这些中点生成的、与 l_1 或 l_2 平行的无数条线段（图 4.1）。

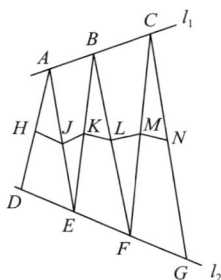

图 4.1

虽然两条平行线可以唯一确定一个平面，但在有超过两条平行线的时候，就未必能确定一个平面了。正如在图 4.1 中，线段 HJ、KL 和 MN 互相平行，但它们一定共面吗？

我们发现，由于 L、M、N 三点确定一个平面，而 $KL \parallel MN$，因此 K 在由 L、M、N 三点确定的平面内；同理可得，J 在由 L、M、K 三点确定的平面内。只要重复上述过程，即可证明 H、J、K、L、M、N 都在同一平面内，从而证明，两个端点分别在 l_1 和 l_2 上的所有线段的中点，也一定在同一平面内。

例2 如果一条直线和三条平行直线都相交，求证：这四条直线在同一平面内。

我们不妨设这四条直线为 a、b、c、d，$a /\!/ b /\!/ c$，且 d 和 a、b、c 相交。

> 第一步先用数学语言"翻译"题目，把条件关系表示出来，总是没错的。

由于 $a /\!/ b$，因此直线 a 和 b 必然在一个平面 α 内；而直线 d 和直线 a、b 相交，则必然有两个交点，这两个交点显然也在平面 α 内，因此 d 必然属于平面 α。

然后……想不出来了？不要紧，作为初学者，如果你能想到这一步也算合格了。下面我们一起看看，怎么通过对基本概念的理解把证明写完整。

想直接说明直线 c 在平面 α 内，只需在平面 α 内再找一点，该点异于直线 c 和 d 的交点，且在 c 上。如果不存在这样的点，那就说明直线 c 不在平面 α 内，即直线 c 和平面 α 是相交的关系。但是，因为 $b /\!/ c$，所以 $c /\!/ \alpha$，即直线 c 不可能和平面 α 有交点——矛盾。

这是不是一条很自然的思路？

> 贼老师，我反证法不熟练，怎么办？

好办。通过 $a /\!/ b$ 是不是可以确定一个平面 α，而通过 $c /\!/ b$ 是不是可以

确定一个平面 β？我们只要证明 α 和 β 是同一个平面，不就行了？

咱们靠什么证明？只能靠直线 d 啊！你想想是不是这个道理？

由于直线 d 在平面 α 内，同理，直线 d 在平面 β 内，于是可知平面 α 和平面 β 有两条不同的交线，即直线 d 和直线 b——是什么原因造成了这个矛盾？我们把平面 α 和平面 β 看成了两个平面，如果这两个平面是同一个平面，不就可以解决这个矛盾了？命题得证。

我们再来看一个考查你基本概念掌握情况的例子。

例3 已知：直线 $l \parallel$ 平面 α，直线 $l \parallel m$，$m \not\subset \alpha$，求证 $m \parallel \alpha$。

证明：在平面 α 内作直线 $n \parallel l$，因为 $l \parallel m$，所以 $n \parallel m$，由 $m \not\subset \alpha$，因此 $m \parallel \alpha$。

这里运用的是线面平行的判别定理，即平面外一条直线和该平面内的一条直线平行，那么平面外的直线和已知平面平行。

这严谨吗？

我既然这么问了，那肯定有问题。问题出在哪里呢？你不要着急看答案，先自己想想问题出在哪里。其实，每次出错都是一次进步的好机会，糟糕的是，很多学生一看到出错就忙着看答案，而不是自己先想一想。

有的错是显而易见的，要么是在哪个关键地方卡住，做不下去了，要么是题目中的条件不知道该怎么用。在这种情况下，你心中有数——总卡着不是办法，第一时间去翻看参考答案是没问题的。但如果你感觉自己做得是

"对"的，却有人明确告诉你"这里有问题"，那你不该急着看参考答案，而是该自己想一想，试着去解决问题。如果你确实找不到问题所在，那么在经过思考后再去查阅答案，你对问题的印象将会大大加深。

好，我们有了足够的留白时间，接下来是揭晓答案的时候了。

上述证明过程的问题出在"在平面 α 内作直线 $n \parallel l$"这句话上，你为什么能在平面 α 内找到一条直线 n 和直线 l 平行？

这不是显然的吗？这样的直线肯定存在呀！

我们都知道这样的直线存在，但没有哪条定理支持你直接这么写。我们回忆一下直线和平面平行的性质是怎么说的：过这条直线作一个平面和已知平面相交，交线和已知直线平行。这条交线才是我们要找的直线。

因此，证明过程要这样写：过直线 l 作平面 β 和平面 α 相交于直线 n，则 $n \parallel l$；因为 $l \parallel m$，所以 $n \parallel m$，由于 $m \not\subset \alpha$，因此 $m \parallel \alpha$。

可是，这类问题我靠自己根本想不到，怎么办？

放心，高考大概率不会考这类题目。没错，这些题只是"试金石"罢了。如果你能轻松解决以上三道证明例题，那就说明你的基本功过关了，对于后面的立体几何学习，你基本不用担心；如果以上三道例题你一道也解决不了，那你也不要失去信心，通过学习本书中的内容，你仍可以基本解决具有高考难度的立体几何问题。

接下来，我们进行一些常规训练。首先要训练对基本位置关系的判断，这是高考中立体几何相关选择题最常见的出题内容。

例 4 对于直线 m、n 和平面 α，下面哪几个命题是正确的？

(1) 若 $m \parallel \alpha$，$n \parallel \alpha$，则 $m \parallel n$；

(2) 若 $m \parallel n$，$m \parallel \alpha$，则 $n \parallel \alpha$；

(3) 若 $m \parallel \alpha$，则 $m \parallel \alpha$ 内所有直线；

(4) 若 $m \parallel \alpha$ 内无数条直线，则 $m \parallel \alpha$。

这类题并不难，但能考查出一个人思考问题的全面性。对我来说，我很喜欢用桌面和手掌当平面，用笔当直线，然后通过移动手掌和笔的位置来进行判断。

我在本书一开头就讲过，就算你的空间想象力不够强，那对解决立体几何相关问题的影响也微乎其微。你完全可以利用一些辅助工具来帮助自己思考，无论桌面、笔还是草稿纸，都是任何一个考场都不会禁止使用的"道具"——监考老师总不能不让咱们带着手进考场吧？

我们拿出两支笔分别代表直线 m 和直线 n，用桌面代表平面 α。对于第一个命题，只要稍微用两支笔一比划，就能摆出 m 和 n 不互相平行的造型，所以命题错了；对于第二个命题，我们先固定一支笔当作直线 m，这时候另一支笔，即直线 n 是可移动的，我们沿着垂直于桌面的方向平行移动直线 n，就会发现 $n \parallel \alpha$ 几乎总是成立的——除了把 n 移动到平面 α 内的时候，很遗憾，这个命题也错了；第三个命题一看就不对，我们都懒得比划；至于第四个命题，我们让一支笔自由移动，当它移动到桌面上时，我们就会发现即便 $m \subset \alpha$，也有 $m \parallel \alpha$ 内无数条直线。所以，上述命题都是错的。

通过这道例题，我们可以总结以下两点。首先，我们要学会利用一切合理工具帮助自己发挥想象力。这一点很重要——"君子生非异也，善假于物也。"顺手能得到的辅助工具，为什么不用呢？这类题大多以选择题的形式出现，根本不需要严格证明，如果你能借助工具快速得到结论，就不要浪费时间。再比如，你如果需要想象出三条两两垂直的直线，不如抬头往教室的墙角看一眼。有些判断位置关系的题目相对更难一些，它们往往涉及动直线或动平面，并要求分析夹角大小的变化情况。当你遇到这类问题时，如果进行严格的分析，往往会比较浪费时间，但如果能借助实物观察，思考起来会容易得多。

其次，要考虑极限情况。初学者很容易忽略直线在平面内、平面彼此重合等极限情况，继而造成漏判、误判。通过移动实物来观察，可以相对减少这方面的失误。

我多说一句：现在的贼老师比起初学立体几何时的自己，处理问题已经熟练多了，但是，每当我能借助实物观察的时候，我依然会借助实物。

例 5 若有两条直线异面，则过其中一条直线与另一条直线垂直的平面（   ）。

    A. 有且仅有一个

    B. 可能存在，也可能不存在

    C. 有无数多个

    D. 一定不存在

我们只要拿起两支笔比划一下就会发现：两条异面直线如果不互相垂直，那么无论怎么样，都不存在满足条件的平面；只有在两条异面直线互相垂直的情况下，才存在这样的平面。

当然，从日常训练的角度来说，我们仍需要从理论角度把问题的来龙去脉弄清楚。比如面对这道题，我们不能满足于得出答案是 B，而要知道为什么是 B。该怎么思考呢？如果过一条直线一定存在一个平面和另一条直线垂直，那么这要求两条异面直线原本就必须垂直，否则，一条直线垂直于一个平面，却和这个平面内的某条直线不垂直，那不是闹笑话吗？

例 6 如图 4.2，已知在锐二面角 $A-BC-D$ 中，点 $P \in$ 平面 ABC，且点 P 不在交线 BC 上，点 Q 是点 P 在平面 BCD 上的射影，点 E 是交线 BC 上满足 $\angle PEC$ 为锐角的任意一点，那么 $\angle PEC$ 和 $\angle QEC$ 的大小关系是怎么样的？

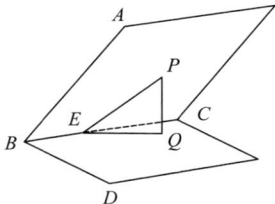

图 4.2

题目中有一个很重要的细节：$\angle PEC$ 为锐角。你只要注意到这个条件，再用"实物比划法"就能很容易用肉眼看出 $\angle PEC > \angle QEC$。但对初学者来说，这个条件总会被轻易漏掉，换句话说，初学者容易对没用数学语言表示的那些条件视若无睹。所以我一直强调，大家要养成"翻译"题目的好习惯，这能大大降低漏看条件的风险。

下一个问题就是，如何通过严格的推理来得到结论呢？

在平面几何中，我们在比较两个角的大小时往往会利用三角形中"大边对大角"的原理，或者说明一个角在另一个角的内部；在立体几何中，我们必须学会充分运用三角函数的工具。而在众多添加辅助线的技巧中，我们只要记住"取中、作平、连对角、延一倍"这几个字便绰绰有余了。

当比较两个锐角的大小时，由单调性可知：角的正弦值或正切值越大，角的度数越大；角的余弦值越大，角的度数越小。而要计算三角函数的值，首先想到的思路就是构造直角三角形，这在立体几何中也是极常见的辅助线添加方法。

题设中说，点 Q 是点 P 在平面 BCD 上的射影——注意，这是一个非常强的条件！"射影"意味着存在无数的垂直关系，从而很容易运用三垂线定理。如果你对"射影"二字无动于衷，那说明你的立体几何一定没学好。

秉承我一贯的讲题风格，我会强调当我们看到题目中一些关键字时应该有的"第一反应"，并给出相应的"第一思路"，以便缩短你的思考时间。目前，高考中的立体几何问题相对比较常规，不会有太大变化，因此我给出的"第一思路"在很大程度上（至少有 90% 的机会）能一击成功。比如，当看见"射影"二字时，我们就过射影作垂线，这就是"第一思路"。

于是问题来了，过点 Q 作谁的垂线呢？哪怕你没学过三垂线定理，你的"第一反应"也应该是向 BC 作垂线。为什么？因为交线经常拥有更多的性质，它既能代表平面 ABC，又能代表平面 BCD，所以优先考虑交线很正常。

如果从三垂线定理的角度来考虑，就更没问题了。$PQ \perp$ 平面 BCD，无论过点 P 还是点 Q 作 BC 的垂线，都是三垂线定理的标准应用场景。这里不妨作 $PH \perp BC$ 于 H，连接 QH，易知 $QH \perp BC$（图 4.3）。

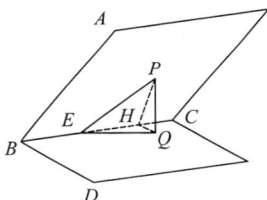

图 4.3

线线关系、线面关系、面面关系相关问题的实质，有时就是寻找对应的某个特殊角。所有涉及角度的问题，求解的第一步也是找到对应的某个特殊角。在这道题中，$\angle PHQ$ 就是二面角 $A-BC-D$ 所对应的平面角，虽然对解题没什么用，但你一定要有这样的敏感性，这样有利于在短时间内找到正确的思路。

直接比较 $\angle PEC$ 和 $\angle QEC$ 的大小肯定是不可能的，因为我们无法通过平移把其中一个角放到另一个角的内部。何况，我们也明确提到过，在解决立体几何问题的过程中，三角函数的作用很大，所以我们考虑通过比较三角函数的值来判定角度的大小。

下一个问题是，应该选择正弦或余弦，还是正切或余切呢？

初学者一定不要怕试错，经验都是慢慢积累起来的，你就逐个试吧——当然，你最好先思考哪个显得更合理，但如果想不出结果，你也可以通过试错来积累感性认识，然后通过总结、归纳，升华到理性认识。

假设此时你已进行过思考，但没有想出哪种选择更合理，那我们就通过比较两个角的正弦值来判断：

$$\sin\angle PEH = \frac{PH}{PE}, \quad \sin\angle QEH = \frac{QH}{QE}$$

显然，$\triangle PHQ$ 是直角三角形，PH 是斜边，因此 $PH > QH$。然而，PE 和 QE 的长度并不是显然的。同理，如果选择余弦，那也绕不开比较 PE 和 QE 的长度。但好在 HE 是两个角的公共边，因此选择余弦比选择正弦要合理一些。尽管利用余弦也没有解决问题，不过，"不合理"也是分等级的，有相对合理的不合理，也有十分不合理的不合理。类似这种判断合理性的思考训练，你在平时一定要多做，等到判断手法熟练了之后，你一出手就能找到合理的思路。

然后，我们再看选择正切会出现什么情况：

$$\tan\angle PEH = \frac{PH}{HE}, \quad \tan\angle QEH = \frac{QH}{HE}$$

这时候答案就出来了，由于 $PH > QH$，因此 $\tan\angle PEH > \tan\angle QEH$，即 $\angle PEH > \angle QEH$。题目就做完了。

贼老师，你绕这么大一圈来讲这道题，到底图什么？难不成是为了多挣点儿稿费？

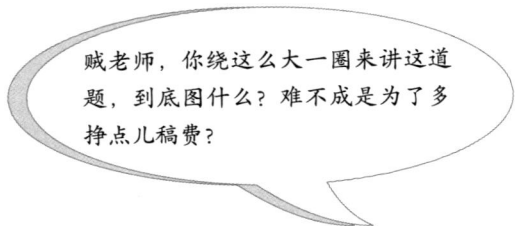

当然不是。到了高中阶段，同学们容易忽视培养正确的思考方法和学习习惯，很多人就知道埋头"刷题"。但题真不是谁想"刷"，就能"刷"得动的。大多时候，他们会有心无力，只能看着题目发呆。造成这种现象的原因在于，有些人在小学和初中阶段习惯了"无脑刷"一些低难度的题——那时候只要题"刷"得够多，多少就能把分数"刷"上去。高中数学可不会惯着你，掌握不了正确的思考方法，你就干瞪眼去吧。

例7 已知在锐二面角 $A\text{-}BC\text{-}D$ 中，点 P 在交线 BC 上，直线 $PQ \subset$ 平面 ABC，且直线 PQ 与 BC 的夹角为 $45°$，与平面 BCD 的夹角为 $30°$，那么锐二面角 $A\text{-}BC\text{-}D$ 的平面角是多少度？

第一步先干什么？找角。我们要找到锐二面角 $A\text{-}BC\text{-}D$ 的平面角。过点 Q 作 $QH\perp$ 平面 BCD 于 H，连接 PH（图 4.4）。如果你上来就把 $\angle QPH$ 当作所求的角，那请你自行面壁思过。这说明你完全没搞清楚二面角的平面角的定义——PQ 都不垂直于 BC，$\angle QPH$ 怎么可能是锐二面角 $A\text{-}BC\text{-}D$ 的平

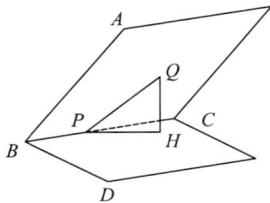

图 4.4

面角呢？而且你想想，假如答案就这么出来了，那"直线 PQ 与 BC 的夹角为 45°"这个条件岂不是没用了？

高考题的出题人绝不会少出一个条件，也不会多出一个条件。如果你觉得缺少条件，或者有条件没用上，那即便你把题目做出来了，答案必然也是错误的。

因为 $QH \perp$ 平面 BCD 于 H，所以点 H 是点 Q 在平面 BCD 上的射影，$\angle QPH = 30°$。通过射影找二面角的平面角，最自然的思路就是过射影向交线作垂线，作 $HK \perp BC$ 于 K，连接 QK，易知 $QK \perp BC$，即 $\angle QKH$ 是我们要找的锐二面角 $A - BC - D$ 的平面角（图 4.5）。

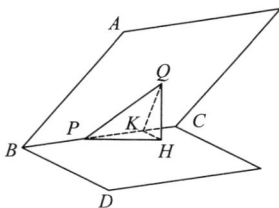

图 4.5

设 $PK = 1$，则 $QK = 1$，$PQ = \sqrt{2}$，$QH = \dfrac{\sqrt{2}}{2}$，很显然在直角 $\triangle QHK$ 中，$\angle QKH = 45°$。

射影对求解二面角的平面角大小问题有着巨大的帮助，它简直是天然的"三垂线使用指南"。假如你在看到这句话之前就悟到了这一点，说明你真有点儿慧根；如果你没有悟到，那请务必牢记这句话吧。

例 8 如图 4.6，在长方形 $ABCD$ 中，$AB=2$，$BC=1$，将 $\triangle ABC$ 沿对角线 AC 折起来，点 B 落到 B' 处。已知 $DB'=\dfrac{\sqrt{105}}{5}$，求二面角 $B'-AC-D$ 的平面角的大小。

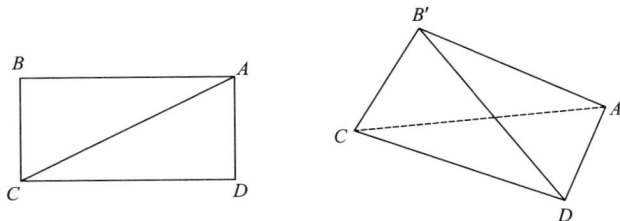

图 4.6

这个二面角的平面角的大小该怎么求呢？很显然，三垂线定理是用不上了：我们都不知道 B' 在平面 ACD 上的射影在哪里，而且还有 $DB'=\dfrac{\sqrt{105}}{5}$ 这个诡异的条件。但根据以往的经验，诡异的条件很可能就是解题的突破口——尽管我们现在对怎么突破还一无所知。

不过，如何寻找二面角的平面角，你应该比较熟练了。首先，过点 B' 作 $B'H \perp AC$ 于 H，过点 D 作 $DP \perp AC$ 于 P，然后过点 P 作 $PQ \parallel B'H$，交 AB' 于 Q，则 $\angle QPD$ 就是所求二面角的平面角（图 4.7）。

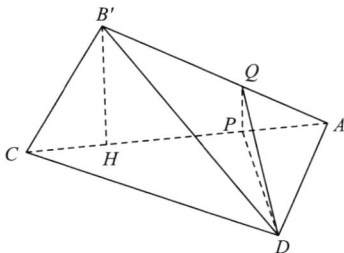

图 4.7

接下来要分别求出线段 PD、PQ 和 QD 的长度。很显然，PD 的长度是最容易求的，它是直角 $\triangle ADC$ 斜边上的高，所以 $PD = \dfrac{2}{\sqrt{5}}$；PQ 的长度也不难计算，先求得 $AP = \dfrac{1}{\sqrt{5}}$，则 $PQ = \dfrac{1}{2\sqrt{5}}$；$QD$ 的长度该如何计算呢？

此时当然要利用 $DB' = \dfrac{\sqrt{105}}{5}$ 这个条件了。因为 AD 和 AB' 的长度都是已知的，所以 $\angle B'AD$ 的余弦值就可以算得，再利用余弦定理，即可得 QD 的长度。通过计算，得到 $\cos \angle B'AD = \dfrac{1}{5}$，再利用余弦定理可得 $QD = \sqrt{\dfrac{21}{20}}$，从而得到 $\cos \angle QPD = -\dfrac{1}{2}$，即二面角 $B'-AC-D$ 的平面角大小为 $\dfrac{2\pi}{3}$。

例 9 如图 4.8，在单位立方体中，点 P 在面对角线 EG 上，记二面角 $P-AB-C$ 的平面角为 α，二面角 $P-BC-A$ 的平面角为 β，记 $EP=s$，$PG=t$，试用 s 和 t 表示 $\tan(\alpha+\beta)$，并求 $\tan(\alpha+\beta)$ 取最小值时点 P 的位置。

你觉得 $\tan(\alpha+\beta)$ 取最小值时，点 P 的位置在哪里？我猜，要么在 EG 的中点，要么就是点 E 或点 G。你想想，是不是应该这样？

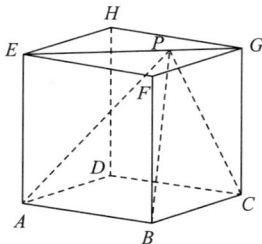

图 4.8

带着这样的猜测，我们就可以开始详细的论证过程了。首先，当然要找到这两个二面角的平面角。立方体最大的好处就是，其中的垂直关系实在太多了，而且，其中的各种位置关系都好到令人欢欣鼓舞。

显然，点 P 在平面 $ABCD$ 上的射影必然落在 AC 上，不妨记它的射影为 Q，则 $PQ \parallel GC \parallel EA$。我们过点 Q 分别向 BC 和 AB 作垂线，垂足记为 T 和 S，则 $\angle PTQ$ 和 $\angle PSQ$ 分别是 β 和 α（图 4.9）。

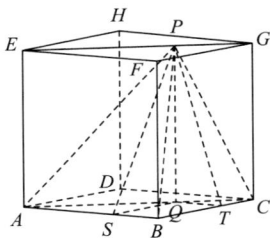

图 4.9

不难看出

$$QT = \frac{QC}{\sqrt{2}} = \frac{t}{\sqrt{2}}, \quad QS = \frac{QA}{\sqrt{2}} = \frac{s}{\sqrt{2}}$$

于是

$$\tan \alpha = \frac{\sqrt{2}}{s}, \quad \tan \beta = \frac{\sqrt{2}}{t}$$

则

$$\tan(\alpha + \beta) = \frac{\sqrt{2}(s+t)}{st-2}$$

注意到 $s+t=\sqrt{2}$ ，于是

$$\tan(\alpha+\beta)=\frac{2}{t(\sqrt{2}-t)-2}$$

显然当 $t=\dfrac{\sqrt{2}}{2}$ 时，$\tan(\alpha+\beta)$ 取得最小值，即点 P 为 EG 的中点。我猜对了。

例 10 如图 4.10，点 M、N 都是单位立方体面对角线上的点，$NF=\dfrac{1}{3}HF$，$EM=\dfrac{1}{3}EB$，求证：MN 是异面直线 HF 和 EB 的公垂线段。

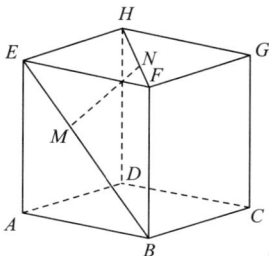

图 4.10

我们一看题目中出现了数量关系，就猜到八成要用勾股定理。因此，我们要计算出线段 MN 的长度。线段 NF 的长度是已知的，而线段 MF 的长度看起来也容易计算，所以难点就在于计算 MN 的长度。

这条思路对不对？当然是对的。立体几何和平面几何最大的区别就在于：逻辑推导和计算，谁是主、谁是辅？在立体几何中，计算占据了绝对的主导地位，而我们在初中阶段通过平面几何问题、花大量时间训练出来的逻

辑推导能力，到了高中时相对用处不大。甚至，你硬要说平面几何中基本都采用逻辑推导技巧，几乎没有用到多少计算，这话也对。相比于平面几何中所使用的逻辑推导技巧，立体几何证明过程中所用的逻辑推导技巧有时根本配不上"技巧"二字。

由余弦定理可知

$$FM^2 = EF^2 + EM^2 - 2EF \cdot EM \cos \angle FEM = \frac{5}{9}$$

即 $FM = \frac{\sqrt{5}}{3}$。现在开始计算 MN 的长度。

如果你养成了边做题边总结的习惯，那你会发现，计算比较复杂的情况无非就是多用了几次余弦定理。我们要先找到未知线段所构成的"最顺眼"的那个三角形——怎么才算顺眼呢？就是三角形中包含的已知长度的线段越多越好。这可不是挑出你在视觉上看着最舒服的那个三角形啊。比如，图 4.10 中的 $\triangle MNB$ 和 $\triangle MNE$ 看着都挺舒服的，但要计算 MN 的长度，就必须得知道 $\angle NEM$ 或 $\angle MBN$ 的余弦值。

思路是不是梳理清楚了？动手算吧。

$$NB = \sqrt{NF^2 + FB^2} = \frac{\sqrt{11}}{3}$$

$$NE = \sqrt{EF^2 + NF^2 - 2EF \cdot NF \cos \angle NFE} = \frac{\sqrt{5}}{3}$$

则 $\cos \angle NEM = \sqrt{\frac{2}{5}}$，于是 $MN = \sqrt{\frac{1}{3}}$。

很显然，$MN^2 + EM^2 = EN^2$，即 $MN \perp EB$ 于 M，同理 $MN \perp HF$ 于 N，即 MN 是 HF 和 EB 的公垂线段。

细心的读者可能已经发现了，本书中很多运算结果的分母不再被有理化，而是在根号里直接带着分数。这样的写法在初中阶段是不被允许的，甚至在考试的时候，如果你把结果写成 $\sqrt{\dfrac{2}{5}}$ 这样的形式就会被扣分，但这一切在高中阶段都不是问题了。

还要注意的是，得出某些结论并不需要进行特别详细的证明。比如在例 9 中，点 P 在平面 $ABCD$ 上的射影必然落在 AC 上，假如我们非要把这个结论解释得无懈可击，还挺麻烦的。首先，我们要说明 $EGCA$ 是长方形，因此过点 P 作 $PQ \perp AC$ 后，得到 $PQ \parallel GC$，从而 $PQ \perp$ 平面 $ABCD$，即点 P 在平面 $ABCD$ 上的射影必然落在 AC 上。但在高考作答中，你只要说出点 P 在平面 $ABCD$ 上的射影必然落在 AC 上即可，不必给出详细证明，这样也不会被扣分。

其实，这条思路很好理解：初中解决逻辑推理，高中解决几何计算。严密的证明不是我们在高中阶段最关心的问题。当然，一般来说，立体几何解答题的第一问往往是证明题，这时候你可别乱用"显然"二字。只有在解答后面的计算题时，你可以适当简化一些推理过程，略去那些确实比较"显然"的结论的证明过程。

如何判断什么是合理的"不严格"？什么是必须严格证明的结论？这需要你自己在实践中慢慢摸索、体会。不过在一般情况下，如果你在解答立体几何问题中的计算部分时，最后的结果正确，且关键的中间步骤都齐全，那阅卷人是不会过分在意"严格性"的。换句话说，在不影响计算题解题正确性的情况下，能少写就少写吧。你哪怕把立体几何问题当作文去写，写出个"花"来，人家也不会给你加分。像这种力气，一定要学会省一省。

在高考数学中有一个很有意思的现象：立体几何的大解答题一般是"送分题"，小题目的失分率反而比较高，有时候，小题目的难度甚至相当大。我在这里介绍一道题。

例 11 如图 4.11，已知在 $\triangle ABC$ 中，D 是 AB 的中点，沿直线 CD 将 $\triangle ACD$ 折成 $\triangle A'CD$，所成二面角 $A'-CD-B$ 的平面角为 α，则（　　）。

A. $\angle A'DB \leqslant \alpha$　　B. $\angle A'DB \geqslant \alpha$　　C. $\angle A'CB \leqslant \alpha$　　D. $\angle A'CB \geqslant \alpha$

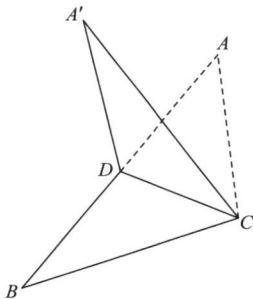

图 4.11

本题是 2015 年普通高等学校招生全国统一考试（浙江卷）数学（理科）选择题的最后一题，当年这道题的得分率比较低。我们来看看。

首先，我们肯定要考虑特殊情况：如果 $\triangle ABC$ 是等腰三角形，且 $AC = BC$，那么 $\angle A'DB = \alpha$，而 $\angle A'CB < \alpha$，所以选项 D 直接被排除。

剩下的选项怎么办呢？就算真判断不了，那么三选一总好过四选一吧？

之前我们讲过，解决这类选择题要遵循一个基本原则：按照次序排除选项。

前两个选项既然和 $\angle A'DB$ 与 α 的大小关系有关，那我们不妨先来比较这两个角的大小。$\angle A'DB$ 的大小是显然的，那么 α 该如何表示呢？其实，二面角的平面角表示起来是很容易的，但本题的特殊之处在于，如何把 α 表示成能和 $\angle A'DB$ 比较大小的样子？

为此，我们过 A' 作 CD 的垂线应该是很自然的想法——但问题来了：如果 $\angle A'DC$ 是钝角，那么这条垂线会落在 $\triangle A'CD$ 以外；如果 $\angle A'DC$ 是锐角，那么这条垂线会落在 $\triangle A'CD$ 以内。怎么办呢？

不妨设 $\angle A'DC$ 是锐角——反正咱们也不知道 $\angle A'DC$ 是锐角或钝角对解题有啥影响，那就不要多想了，动笔再说！

过 A' 作 $A'O \perp CD$，交 CD 于 O，然后过 O 作 $OE \perp CD$，则 $\angle A'OE = \alpha$。但此时仍然很难看出 $\angle A'DB$ 和 α 的大小关系。怎么办？

回忆一下，我们在初中解决翻折问题时，经常会把翻折前后的图形结合起来看——这么好的思路，为什么到了高中就不再用了呢？

我们把刚才添加的辅助线对应到三角形翻折前的样子（图 4.12），此时，我们发现虽然比较 $\angle A'DB$ 和 α 的大小仍有困难，但它们的补角的大小关系很容易判断：对于固定的点 A 和 A'，当且仅当 O 运动到使得 AO 和 $A'O$ 均垂直于 CD 时，$\angle AOA'$ 取得最大值，即 $\angle A'DB \geqslant \alpha$。

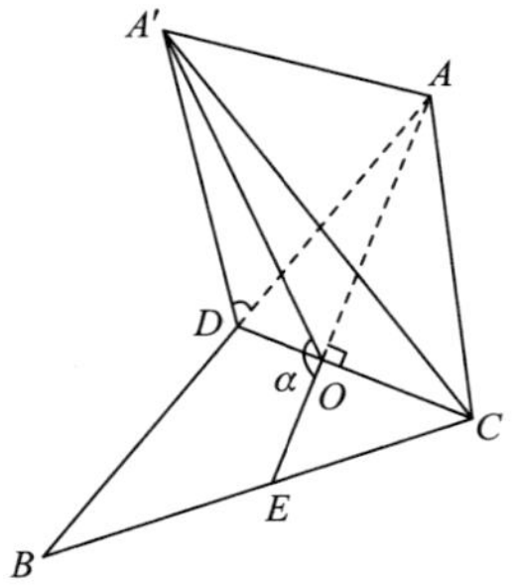

图 4.12

至于选项 C，可以在图中固定住 AB，然后让 C 移动到点 O 左侧，当它无限靠近点 D 时，不难发现此时 $\angle A'CB \geqslant \alpha$。所以，B 确实是正确选项。

遇到立体几何题，我们不怕算，就怕这种不需要算的定性分析问题。而这类问题往往出现在小题目中，因此需要我们给予特别重视。你平时要加强对此类问题的训练，特别要重视对极限思想的运用。

例 12 在四面体 $PABC$ 中，底面 $\triangle ABC$ 是顶角为 θ 且底边 $AC=a$ 的等腰三角形，且 $\angle PCA = \dfrac{\pi}{2}$，$PC=b$；侧面 $\triangle PAC$ 与底面 $\triangle ABC$ 的夹角为 $\alpha\left(0 < \alpha < \dfrac{\pi}{2}\right)$，点 E 是 PA 的中点。求证：无论 θ 和 α 取何值，异面直线 BE 和 PC 之间的距离始终为定值。

如果题中没有给出图，那我们可以先画一张示意图，示意图不必太精确，能帮我们找到思路就行（图 4.13）。

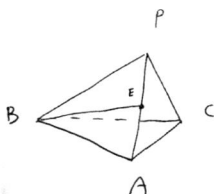

图 4.13

这种"找定值"问题的解决方法总是简单粗暴的，解析几何中的定值问题也一样。

我们的第一个问题是：定值的最终形式会是怎样的呢？十有八九，它应该可以写成关于 a 和 b 的表达式，对不对？

第二个问题是：公垂线段在哪里？凭感觉，我猜最好过点 E 作 PC 的垂线 EF，垂直 PC 于 F，如果 EF 也垂直于 BE，那真是再好不过了。

这么想靠谱吗？我觉得挺靠谱。为什么？

首先，公垂线段的位置很特殊，对于两条异面直线来说，公垂线的位置是唯一确定的。我们当然希望在 B、E、P、C 这四个点中有一个点刚好能让公垂线段通过。好，四选一，你目测哪个点最有可能让公垂线段通过呢？是不是点 E？而过点 E 作公垂线，是不是正如我开头所描述的那样？当然，这都是猜测，需要我们去验证其正确性。

这时，我们结合题目中的条件来看。这是一道和垂直相关的题目，此外还有"等腰三角形"这么一个条件，如果你再想不到"三线合一"的话，我觉得你八成没有认真读过《不焦虑的几何：孩子怎么学，家长怎么教》（当然，这本书按道理是给你父母看的，但你也不妨回过头自己读一读）。

所以，我们很自然地取 AC 的中点 Q，连接 BQ，则 $BQ \perp AC$ 于 Q；而 E 是 AP 的中点——这两个中点，你真不打算连接一下吗？于是，连接 EQ——这条中位线几乎不可能没用。

我们按照上述的猜想过程添加完辅助线，接下来，很容易证明 $AC \perp$ 平面 BEQ，即 $AC \perp BE$；而 $EF /\!/ AC$（EF 和 AC 同垂直于 PC），即 $EF \perp$ 平面 BEQ，所以 EF 确实是异面直线 BE 和 PC 之间的公垂线段，且 $EF = \dfrac{a}{2}$。

请你自行补充完整解答过程，要求：能省则省！看看怎么用最精练的语句把解答写完，并且请你再次体会"猜测"在解题过程中的作用。

相对于平面几何来说，立体几何的解题思路是不是很容易找到？我们之前说的添加辅助线的法则——"取中、作平、连对角、延一倍"，是不是管够？

在学习数学的历程中一路阅读我的书的家长或小读者会发现，贼老师讲数学的一大特点是从不单从某一阶段来考虑内容的取舍，也不会为了追求"奇技淫巧"而炫技。炫技或许能收获一片赞叹之声，但对于提高学生的数学学习能力，尤其是应试的实战能力，用处并不大。

而且，我一直强调计算的重要性，你现在是不是也发现，如果计算能力过关，立体几何的解答题就是送分题？可偏偏有些人的计算能力总也过不了关，你说让人着急不着急？

05
多面体的基本概念

本章会专门讲解一些常见的多面体相关问题。

首先介绍一下棱柱。你可能在美术课上画素描的时候接触过棱柱、棱锥、圆柱这些东西。如果给你看一张图片或一个实物，你很容易判断出它是不是棱柱，但是，我们该如何给棱柱下定义呢？

我发现，教学时间越久，我越喜欢让学生自己试着下定义。哪怕你的定义写得不那么严格，甚至靠举出一堆反例来下定义，我都觉得没事儿。关键在于，这个过程很锻炼人。其实，在学习课本上的定义之后，你可以想一想："如果是我来下定义，我会怎么描述？"

假定你已经绞尽脑汁想过如何描述棱柱了，那我们来看看棱柱的定义。

有两个面互相平行，其余各面都是四边形，并且任意相邻的两个四边形的公共边都互相平行，由这些面所围成的几何体叫作棱柱。两个相互平行的面叫作棱柱的底面，其余的面叫作棱柱的侧面；两个侧面的公共边叫作棱柱的侧棱；侧面和底面的公共顶点叫作棱柱的顶点；不在同一个面上的两个顶点的连线叫作棱柱的对角线；两个底面之间的距离叫作棱柱的高。

接下来，请你在图 5.1 中把棱柱基本定义中提到的点、线、面标记出来。

这是一个非常基本的练习，特别是棱柱的对角线，请你尽可能找全它们。

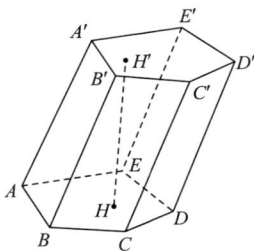

图 5.1

正如图 5.1 所展示的，侧棱不垂直于底面的棱柱叫作斜棱柱。而侧棱垂直于底面的棱柱叫作直棱柱，底面是正多边形的直棱柱叫作正棱柱。

棱柱的底面是几边形，我们就称它是几棱柱。比如，底面是三角形的棱柱就称为三棱柱，正三棱柱即为底面是正三角形的直棱柱，以此类推。

根据棱柱的定义，我们可以直接得到它的哪些性质呢？

- 棱柱的各个侧面都是平行四边形；
- 如果一个平行于棱柱底面的平面和棱柱相交，那么得到的截面与底面全等；
- 过不相邻的两条侧棱的截面也是平行四边形。

如果图省事，那你可以在上图中直接作图验证；如果你有兴致，不妨自己弄一个棱柱的模型，动手操作试试看——这都是感性认识。

那什么是理性认识呢？从这些定义和性质中，你能总结出什么对自己有用的东西？或者，你能找到对自己来说称心的工具吗？

　　比如，贼老师在看完棱柱的定义以后得出一个结论：棱柱中有很多平行四边形，所以在添加辅助线时，连对角线是一条不错的思路……这就是把书上的东西变成自己的东西。每个人对数学的理解程度是不一样的，做题习惯也不一样，得到的结论自然是不一样的。就好比在拿到一个键盘后，有人用它来写书，有人用它来当"键盘侠"。

　　此外，贼老师还特别关注直棱柱。就平行和垂直这两种特殊的位置关系来说，平行在棱柱中随处可见，但垂直在棱柱中并不是一个平凡（常见）的性质。所以，直棱柱一定具备很多更好的性质。

　　垂直关系包括线线垂直、线面垂直和面面垂直，那这三种垂直关系在普通的棱柱中存在吗？在直棱柱中有多少种垂直关系？这是不是都是"好问题"？如果你能从以上定义中想到这些问题，说明你在数学学习方法上已经"上道"了。

　　我们之前见过的立方体和长方体都是特殊的四棱柱，也都是直四棱柱。对于直棱柱来说，它的基本图形不再是平行四边形，而是长方形。普通棱柱和直棱柱的最大区别在于侧面与底面的位置关系。这些特性是我们的思维能够发散到，也应该发散到的地方。

　　接下来补充一些棱柱的特殊情形。从普通棱柱到立方体或长方体，你不觉得这中间的断档有点大吗？

　　我们把底面是平行四边形的四棱柱称为平行六面体，把侧棱与底面垂直的平行六面体称为直平行六面体，把底面是长方形的直平行六面体称为长方体，把棱长都相等的长方体称为立方体。

　　如果你能在不看任何书的情况下，自己想到这些定义，那说明你的思维已经相当缜密了。

聊完棱柱的定义，我们再来看棱锥。棱锥也是一种常见的立体图形，比如，古埃及的金字塔是棱锥，我们中国人包的粽子大多也是棱锥。用我们老百姓自己的话描述棱锥就是：那东西下面有个底儿，上面有个尖儿……但是，该怎么用数学语言描述棱锥呢？

我们称有一个面是多边形，其他各面是有一个公共顶点的三角形的几何体为棱锥。这个多边形称为棱锥的底面（底儿），其余各面称为棱锥的侧面，而公共顶点称为棱锥的顶点（尖儿），相邻侧面的公共边称为棱锥的侧棱，顶点到底面的距离称为棱锥的高。棱锥的底面可以是三角形、四边形、五边形等，因此我们根据棱锥底面的边数来命名棱锥，即底面是 n 边形，我们就称其为 n 棱锥。

下面给你一张图（图 5.2），知道自己该干啥了吧？仿照学习棱柱时的建议，重复一遍各种操作。

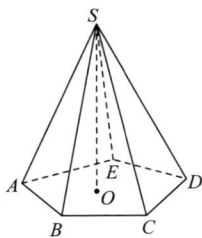

图 5.2

根据上述基本定义，我们该怎么去发散思维呢？这当然没有标准答案，我就聊聊我自己是怎么想的。我会考虑这样几个问题：既然有直棱柱，那有没有直棱锥呢？从上面棱锥的示意图中可以看出，显然不可能每条侧棱都垂直于底面，否则，所有侧棱相互平行，怎么可能交于一点呢？这个想法不靠谱。

当然，也不可能有两条侧棱同时垂直于底面的情形，如此一来，侧棱也不可能交于一点了。因此，假如存在直棱锥，那它应该有一条侧棱垂直于底面，即棱锥的顶点在底面的射影恰好是底面多边形的某个顶点。

那么正棱锥呢？你看，有各棱长相等的立方体为什么就不能有各棱长相等的正棱锥呢？最容易想到的情形就是棱锥的所有棱长都相等的情形——这是非常自然的推理。

这时我们对照来看，会发现书上给出直棱锥的定义与我们给出的定义大差不差，但我们给出的正棱锥定义太"强"了。关于正棱锥，书上是这样定义的：如果一个棱锥的底面是正多边形，并且顶点在底面的射影是底面的中心，这样的棱锥叫作正棱锥。如此一对比，你是不是觉得我们刚才给出的正棱锥定义确实苛刻了许多？书上的定义说明，只要侧棱都相等即可称为正棱锥，这和底面的边长没有联系。

我们还需要注意的是，除了底面是正多边形以外，书上的定义对于顶点的位置也是有要求的：它必须在过底面中心且和底面垂直的直线上。换言之，底面是正多边形并不能保证一个棱锥是正棱锥。

显然，正棱锥的侧面都是等腰三角形，而且，这些等腰三角形都全等。既然有那么多等腰三角形，就很容易想到"三线合一"。每个等腰三角形底边上的高都相等，这些高称为正棱锥的斜高。正棱锥的高、斜高以及斜高在底面上的射影组成了一个直角三角形；同理，棱锥的高、侧棱以及侧棱在底面上的射影也组成一个直角三角形。只不过，前一个直角三角形形成了"三垂线"的经典图像。

在所有正棱锥中，我觉得最特殊的就是正四面体。首先，正四面体是一个正三棱锥（但正三棱锥不一定是正四面体），并且，它的棱长和底面边长相等。如果你玩过用六根火柴和橡皮泥拼 4 个三角形的游戏，那你就该知道正四面体的各条棱长都相等，也就是说，它的每个面都能当作底面，而每个点都能当作顶点。这是一个由 4 个正三角形拼起来的立体图形，所以可以想象，正四面体的性质一定好得不得了。

如果我们拿平行于底面的平面分别去截棱柱和棱锥，会出现什么情况呢？从几何直观上看，棱柱的截面都是全等图形，而棱锥的截面都是相似图形。

如果我们拿平行于底面的平面去截一个棱柱，会得到一个矮一点的棱柱；如果我们拿平行于底面的平面去截一个棱锥，带尖儿的部分是一个小棱锥，可剩下的底座，我们该怎么称呼呢？

它叫作棱台。我们把棱锥原来的底面和截面分别称为棱台的下底面和上底面，其他各面称为棱台的侧面，相邻侧面的公共边称为棱台的侧棱。根据底面多边形的边数，对棱台的命名类似于棱锥，即底面为三角形的棱台叫作三棱台，底面为四边形的棱台叫作四棱台，以此类推。

同样，特殊的棱台有哪些？这个思考过程就留给你自行完成，仿照我们刚才研究特殊棱锥时的步骤即可。

我这里想直接介绍正棱台的相关性质。

正棱台是指由正棱锥截得的棱台，其侧棱的长度都相等，且每个侧面都是全等的等腰梯形；正棱台的两个底面的中心连线、相应的边心距和斜高组成一个直角梯形；正棱台的两个底面的中心连线、侧棱以及两个底面相应的半径构成一个直角梯形。

> 多边形又不是圆，哪来的半径？

事实上，对于一个由封闭曲线围成的图形来说，我们定义封闭曲线上距离最远的两点之间的距离为该图形的直径。正多边形中最长的对角线的交点就是其中心，而中心到顶点的距离就是半径。

以上是直线型立体图形的基本概念。这部分内容是高考出题人偏爱的考点，多年来，立体几何的解答题几乎围绕这些基本概念展开——以直线型立体图形为基础的数量关系和位置关系是经久不衰的考点。顺便说一句：由于向量法被引入立体几何中，因此我们需要特别关注直棱柱、直棱台的情形。至于旋转体，它基本上是对小学和初中内容的延伸，没有涉及太多新知识，只要你掌握了扇形的相关内容，就能解决高中阶段旋转体所涉及的一切问题，因此，我在本书中就不多展开讲了。

06
多面体综合训练

讲完了多面体的基本概念，本章将展示一些相关例题。事实上，相比于直线和平面的基础概念，多面体在本质上并没有太大的差异，它也没有特别的处理技巧，无非就是略微复杂一些。不过如果你真的把立方体玩透了，这些困难甚至可以忽略不计。

例 1 如图 6.1，已知正三棱柱的棱长都为 a。

(1) 求面对角线 AE 和侧棱 BF 之间的距离。

(2) 求两条面对角线 DB 和 FC 所在直线所成角的余弦值。

(3) 设点 G 是 CE 的中点，求证截面 $DBG \perp$ 平面 $ABFD$，并求截面 DBG 和底面 ABC 所成锐二面角的大小。

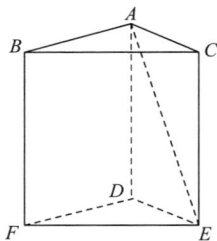

图 6.1

求异面直线之间的距离的关键在于找公垂线。和 BF 垂直的直线很容易找，肉眼可见就有四条，但和 AE 垂直的直线，图中一条都没有。这说明，我们首先要找到和 AE 垂直的一条"好直线"。

什么是"好直线"？看起来舒服，又方便计算，还能和 BF 搭上关系——能满足这些要求的直线，就是"好直线"。从平面几何的视角来看，连接 CD 是必然选择，但从立体几何的视角来看，这条直线算不上"好直线"，因为它和 BF 扯不上任何关系。

你一定要学会从平面几何的"窠臼"中跳出来。在立体几何的学习中，平面几何的技巧只能算工具，你的思想方法要从"平面"进化到"立体"。初学者觉得，因为四边形 $ACED$ 是正方形，所以连接 CD 没问题，但是，从立体几何的视角判断不出它不是"好直线"，就是大问题。

什么是立体几何的视角？比如，垂线不一定相交，两条垂线可以是异面直线，或者，将线线垂直转化为线面垂直去思考，于是相应的直线垂直于平面内的所有直线。

既然 CD 已被排除，而任何在平面 $ACED$ 内和 AE 垂直的直线都与 CD 平行，那么它们都没什么意义。这时，我们就该把目光放在那些和 AE 所在平面垂直的直线上。而 AE 位于平面 $ACED$ 内，因此，我们的第二选择就是考虑和平面 $ACED$ 垂直的直线。

图里找了半天，一条和平面 $ACED$ 垂直的直线都没有……这时候该怎么办呢？注意到正三棱柱的底面和侧面是垂直的，所以平面 $ABC \perp$ 平面 $ACED$。这条直线应该在平面 ABC 内。

这种思路就符合立体几何的视角了。不要总局限在二维世界里折腾来折腾去，格局要大。

两个平面互相垂直，则一个平面内垂直于交线的直线必垂直于另一平面。

在平面 ABC 内，我们最容易想到的垂直于平面 $ACED$ 的直线是哪一条呢？现在的问题是不是转化成在 $\triangle ABC$ 内作一条辅助线，使这条线垂直于 AC？此时，你再想不到过点 B 作 AC 的垂线，就说不过去了吧？

作 $BH \perp AC$ 于 H，即有 $BH \perp AE$；而 $BF \perp$ 平面 ABC 于 B，即有 $BF \perp BH$，所以 BH 是 AE 和 BF 的公垂线。然而，BH 是 AE 和 BF 的公垂线段（距离）吗？

如图 6.2，显然，BH 和 AE 是两条异面直线，而 BH 和 BF 明显是相交的，所以可以考虑平移 BH，使其与 AE 相交。我们发现这是可以做到的：只要过点 H 作 DE 的垂线交 AE 于 P，再过点 P 作 BH 的平行线，交 BF 于 Q，则 PQ 即为 AE 和 BF 的公垂线段。由于四边形 $BHPQ$ 是长方形，因此有

$$PQ = BH = \frac{\sqrt{3}}{2}a\text{。}$$

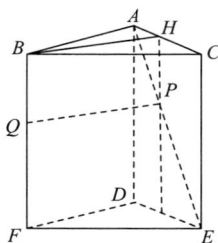

图 6.2

第二问的思路是什么？通过平移，把对角线 DB 和 FC 挪到同一个三角形内，然后解三角形嘛！所以，最简单粗暴的办法就是过点 B 作 $BK \parallel CF$，交 EF 的延长线于 K，连接 DK（图 6.3）。

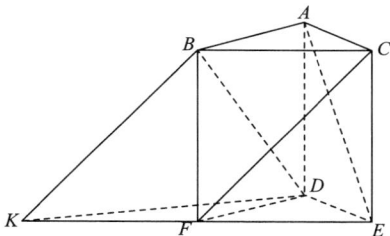

图 6.3

假如你是在初中阶段，这样写很可能会被扣分。为什么？过程不严格啊！凭什么在作 $BK \parallel CF$ 后，BK 能和 EF 的延长线相交？咱们是不是得先证明 BK 在平面 $BCEF$ 内？

事实上，由于点 B、C、E、F 在同一平面内，因此过点 B 作 CF 的平行线，该平行线必然也落在平面 $BCEF$ 内。然而，假如你在高中阶段的考试中省略了这一步的说明，并不会被扣分，这就是我所说的，不要苛求立体几何解答过程中的"严格性"，要学会适当地取舍——当然了，如果你压根儿没想到这其中的严格性问题，那就当你赚到了吧。

此时不难得到 $DK = \sqrt{3}a$，$BD = BK = \sqrt{2}a$，由余弦定理可知 $\cos \angle KBD = \dfrac{1}{4}$。

在考试的时候，我们可以把这个过程简化如下：过点 B 作 $BK \parallel CF$，

交 EF 的延长线于 K，连接 DK，则 $DK = \sqrt{3}a$，$BD = BK = \sqrt{2}a$，于是可知

$$\cos\angle KBD = \frac{1}{4}。$$

没错，这样就够了，这一问的分数会一分不少地给你。

再看第三问。首先要证明两个平面相互垂直。这两个平面的交线是 BD，因此我们要分别找到在两个平面内垂直于 BD 的线段。在正方形 $ABFD$ 中，对角线 AF 和 BD 垂直。然后根据原题条件取 CE 的中点 G，分别连接 BD、BG 和 DG，接下来在等腰 $\triangle BDG$ 内，取 BD 的中点 M，连接 GM，则有 $GM \perp BD$。

我的首选方法就是连接 AF——这样可以少写很多字，只要证明 $AF \perp BG$ 即可。题目是不是变成"求证异面直线 BG 和 AF 的夹角为 $\frac{\pi}{2}$"了？

重复第二问的解题思路：作 $BP \parallel AF$，交 DF 的延长线于 P，则四边形 $AFPB$ 是平行四边形（图 6.4）。于是

$$BG = \frac{\sqrt{5}}{2}a，\quad BP = \sqrt{2}a$$

$$GP = \sqrt{GE^2 + PE^2} = \sqrt{\frac{a^2}{4} + 3a^2} = \frac{\sqrt{13}}{2}a$$

由勾股定理的逆定理可知 $BP \perp BG$，即可证明 $BG \perp AF$，从而 $AF \perp$ 平面 DBG，即截面 $DBG \perp$ 平面 $ABFD$。

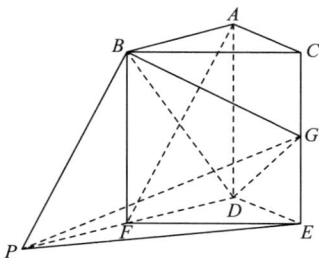

图 6.4

　　求平面 DBG 和底面 ABC 所成锐二面角的平面角的大小，问题看起来颇为棘手——这两个平面的公共交线都没有画出来，现在只有一个公共点；而正常的思路应该是先画出交线，然后找到平面角，再解三角形。这条交线该怎么画呢？对初学者来说，这恐怕很难。对我来说嘛，我能想得出但画不出——你如果是个"小机灵鬼儿"，看到这句话就应该明白，贼老师肯定要用化归思想了。

　　既然平面 DBG 和底面 ABC 的交线很难画，那么，我们能否把其中一个平面换掉，使交线更容易得到呢？很显然，我们需要找到和这两个目标平面中的某个平面相互平行的平面，此时，最容易看见的就是底面 ABC 和底面 DEF 是平行的。考虑平面 DBG 和底面 DEF 所成二面角的平面角大小，会不会更方便呢？

　　答案是显而易见的。点 B 在底面 DEF 上的射影是点 F，点 D 是平面 DBG 和底面 DEF 的公共点，我们只需延长 BG 和 FE 交于点 T，则 DT 即为平面 DBG 和底面 DEF 的交线（图 6.5）。此时问题转化成了"求二面角 $B-DT-F$ 的平面角大小"。

　　鉴于点 G 是 CE 的中点，则 $FE=ET=DE$，则 $DF\perp DT$。而 $BD=\sqrt{2}a$，

$DT = \sqrt{3}a$，$BT = 2BG = \sqrt{5}a$，由勾股定理的逆定理可知 $DB \perp DT$，即 $\angle BDF$ 就是二面角 $B-DT-F$ 的平面角，显然 $\angle BDF = \dfrac{\pi}{4}$，于是截面 DBG 和底面 ABC 所成锐二面角的大小为 $\dfrac{\pi}{4}$。

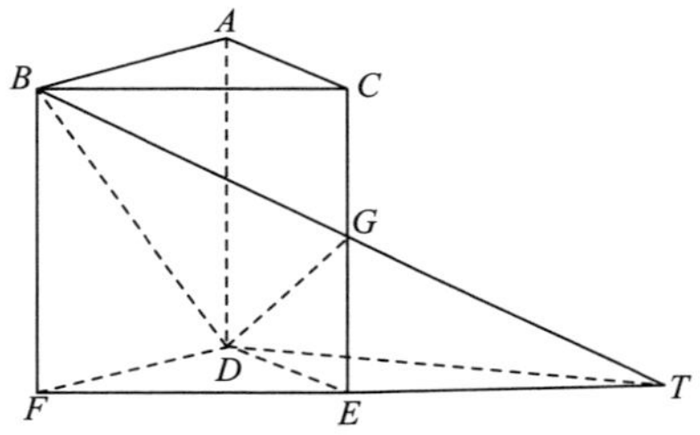

图 6.5

你看，从一开始画不出交线，到用平面 DEF 来代替平面 ABC，再到画出交线，这一思路对于掌握了化归思想的初学者来说其实并不算难吧？甚至可以说，这是很自然的思路，是一条常规思路。

那，非常规的思路呢？

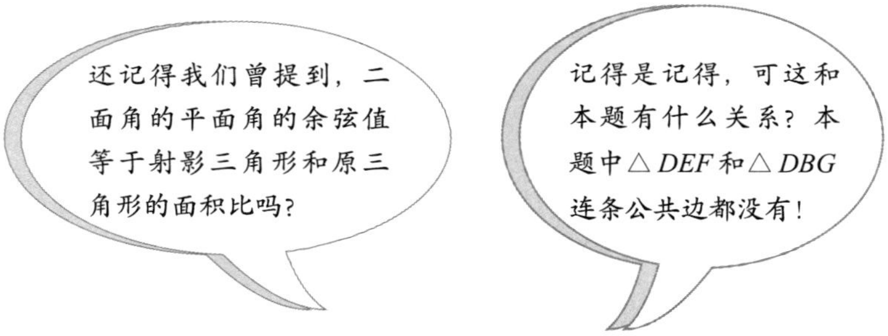

还记得我们曾提到，二面角的平面角的余弦值等于射影三角形和原三角形的面积比吗？

记得是记得，可这和本题有什么关系？本题中 $\triangle DEF$ 和 $\triangle DBG$ 连条公共边都没有！

　　可如果仔细观察一下，你有没有发现点 B 的射影恰好是点 F，点 G 的射影恰好是点 E，点 D 的射影恰好是它本身？如果说之前定义的射影三角形，是它和原三角形存在公共边的情况，那我们不妨把这种没有公共边的射影三角形定义为广义射影三角形。

　　事实上，我们可以证明，二面角的平面角的余弦值恰好等于广义射影三角形和原三角形的面积比（利用相似三角形即可证明，留作练习，你自己完成）。

　　有了这个工具，我们连一条辅助线都不用加。计算得

$$S_{\triangle DEF} = \frac{\sqrt{3}}{4}a^2 , \quad BD = \sqrt{2}a , \quad BG = DG = \frac{\sqrt{5}}{2}a$$

则 $\cos\angle BDG = \dfrac{2}{\sqrt{10}}$，即 $\sin\angle BDG = \sqrt{\dfrac{3}{5}}$，于是

$$S_{\triangle DBG} = \frac{1}{2} \cdot \sqrt{2}a \cdot \frac{\sqrt{5}}{2}a \cdot \sqrt{\frac{3}{5}} = \frac{\sqrt{6}}{4}a^2$$

记截面 DBG 和底面 ABC 所成锐二面角为 θ，$\cos\theta = \dfrac{1}{\sqrt{2}}$，则 $\theta = \dfrac{\pi}{4}$。

　　利用射影三角形和原三角形的面积比求二面角大小的方法当然很好用，只不过，这种方法并非主流，加之大多数学生在这方面训练得比较少，所以很难想到它。而且对初学者来说，这种方法的使用条件也需要格外当心：只有确保每个点和其射影是对应的，这种方法才行得通，切忌在不满足条件的情况下随意使用。

如果说通过化归思想找交线是"基本款"的解法，那么射影三角形方法就是"高配版"的解法。一定要记住，无论什么方法，你自己能想得到、用得顺手的方法，那才是好方法。

例2 已知三棱锥的三个侧面与底面所成角的大小均为 $\dfrac{\pi}{3}$。

(1) 若底面是腰长为 13、底边长为 10 的等腰三角形，求棱锥的高。

(2) 若底面三角形的边长分别为 7、8、9，求棱锥的侧面积。

先看第一问。这类题需要我们自己画图，那不妨设底面三角形的三条边分别为 $AC=BC=13, AB=10$（图 6.6）。看到这儿，你想到了什么？没错，AB 的一半是 5，所以边 AB 上的高是 12——这就是数感。

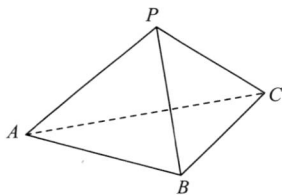

图 6.6

接下来要想想，如何利用"三个侧面与底面所成角的大小均为 $\dfrac{\pi}{3}$"这个条件。凭借几何直觉，PA 应该是等于 PB 的，否则，每个侧面和底面的夹角都相等这个条件就不成立了。但是，没有定理能直接说明这个结论，所以我们得尝试证明一下。

我们的最终目标是求棱锥的高，因此，不妨先作 $PH \perp$ 平面 ABC，垂足为 H（图 6.7）。这时候三垂线是不是又呼之欲出了？

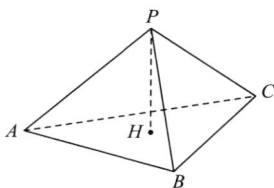

图 6.7

　　然后，过点 H 分别向 AB、BC、CA 作垂线，垂足分别为 E、D、F，并连接 PE、PD、PF（图 6.8）。

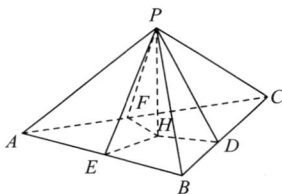

图 6.8

　　由于 $\angle PDH = \angle PEH = \angle PFH = \dfrac{\pi}{3}$，即 $DH = EH = FH$，$PD = PE = PF$，因此点 H 是 $\triangle ABC$ 的内心。于是，我们得到 $\triangle PCD$ 和 $\triangle PCF$ 全等（根据直角三角形全等定理，也称 HL 判别定理），继而推出 $\angle PCB = \angle PCA$，则 $\triangle PCB$ 和 $\triangle PCA$ 全等，$PB = PA$ 得证。

　　但我们的目标是求 PH 的值，而所有的数值条件都集中在 $\triangle ABC$ 内。虽然证明了 $PB = PA$，可看起来并没有什么用。反而，根据侧面和底面的夹角大小是 $\dfrac{\pi}{3}$ 这一条件，我们只要求出 DH、EH、FH、PD、PE、PF 中任意一条线段的长度，就能求出 PH 的值了，所以，我们应该“掉转枪口”，对准这 6 条线段。

走错路没事儿，会积极调整就行。

那么是求 DH、EH、FH 这组线段的长度，还是求 PD、PE、PF 这组的呢？当然是前者啊，谁和 $\triangle ABC$ 挨得近，谁的值就更容易求！而 H 恰好是三角形的内心，问题就变成了求三角形内切圆半径。容易求得

$$S_{\triangle ABC} = 60 = \frac{1}{2}r(13+13+10)$$

则 $r = \dfrac{10}{3}$，$PH = \dfrac{10}{3}\sqrt{3}$。

有洁癖或奉行完美主义的学生经常会在此时把前面那些没用的结论划掉，我就想问问你，万一第二问中还需要用到这些结论，你难道还要重新做一遍？

事实上，阅卷人只要看到你有解题过程，而且结论是 $\dfrac{10}{3}\sqrt{3}$，就不会在意你之前具体写了什么——这是计算题，不是证明题，何况答案几乎不可能直接猜到，人家还怕你滥竽充数吗？如果是证明题，即便有写错的地方也不用太在意，阅卷人会寻找其中合理的推导过程，而忽略错误或多余的部分。退一万步说，如果你确实有很严重的洁癖，无法容忍自己的卷面上存在冗余或错误内容，那么你大可以在解答完整道题目后，再进行清理工作——反正你浪费的不是别人的时间。

第二问就简单多了。事实上，H 是 $\triangle ABC$ 的内心这一结论并不会随着三角形边长的改变而改变。而要求三棱锥的侧面积，只要计算每个侧面的面积即可，即

$$S' = \frac{1}{2}PD \cdot BC + \frac{1}{2}PE \cdot AB + \frac{1}{2}PF \cdot AC = \frac{1}{2}PD(AB + BC + CA)$$

现在，问题就转化成"求边长分别为 7、8、9 的三角形的内切圆半径"。

根据 $S = \frac{1}{2}(a+b+c)r$，问题又变成了"求边长分别为 7、8、9 的三角形的面积"。

初中生的方法可以是利用海伦公式：

$$S = \sqrt{p(p-a)(p-b)(p-c)}$$

其中

$$p = \frac{1}{2}(a+b+c)$$

这种方法对于求边长为整数的三角形的面积特别方便，但如果边长是无理数，事情就变得很麻烦。

高中生的方法应该是先用余弦定理计算出某个夹角的余弦值，然后算出其正弦值，再用 $S = \frac{1}{2}ab\sin C$ 得到面积。

第一种方法可以得到

$$S = \sqrt{p(p-a)(p-b)(p-c)} = \sqrt{12 \times 3 \times 4 \times 5} = 12\sqrt{5}$$

第二种方法可以得到 $\cos\theta = \frac{2}{7}$，则

$$\sin\theta = \frac{3\sqrt{5}}{7}$$

于是

$$S = \frac{1}{2} \times 7 \times 8 \times \frac{3\sqrt{5}}{7} = 12\sqrt{5}$$

还是那句话，假如你能记住海伦公式，而且题目中三角形的边长恰好均为整数，那么请你果断用之；否则，先用余弦定理，再用三角函数，这绝不是什么糟糕的方法。

由 $S = 12\sqrt{5}$ 可知，$r = \sqrt{5}$，$PD = 2\sqrt{5}$，$S' = 24\sqrt{5}$。

例 3 如图 6.9，在四棱锥 $P\text{-}ABCD$ 中，已知 $\angle DAB = \angle ABC = \dfrac{\pi}{2}$，$PA \perp$ 平面 $ABCD$，且 $PA = AB = BC = a$，$AD = 2a$。

(1) 求 PC 和底面 $ABCD$ 所成角的正切值。

(2) E 为 PB 上任意一点（非端点），过 A、E、D 作截面，求证：截面 $EFDA$ 是直角梯形。

(3) 求异面直线 PD 和 AC 所成角的余弦值。

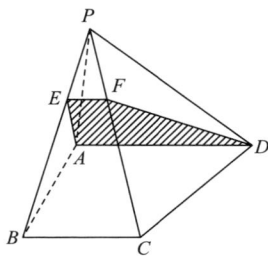

图 6.9

第一问可以很轻松地解决，因为 $\angle PCA$ 即为 PC 和底面 $ABCD$ 所成角，所以

$$\tan \angle PCA = \frac{PA}{AC} = \frac{\sqrt{2}}{2}$$

第二问，如何证明截面 $EFDA$ 是直角梯形呢？那就要证明它确实是梯形，而且其中有两个角是直角。观察图 6.9，我们发现这个问题其实等价于证明 $EF \parallel AD$ ，且 $\angle DAE = \angle AEF = \dfrac{\pi}{2}$ 。

那是先证明它是个梯形容易，还是先证明它有两个直角容易？

不要想那么多，先试试证明截面 $EFDA$ 有两条边平行，如果证明不了，再掉头证明存在两个直角——其实顺序反过来也没问题。如果能明确判断或能直接感觉出来哪个方向更好证，你就先从哪个方向下手；如果判断不出来，你就随手抓一个试试。

我们不妨先证明 $EF \parallel AD$ 。等一下，好像只要证明 $\angle DAE = \angle AEF = \dfrac{\pi}{2}$ ，就马上可以推出 $EF \parallel AD$ 。咱们是不是该转换思路？转啊！

注意到点 A 处有非常丰富的垂直关系：$PA \perp$ 平面 $ABCD$ ，则 $PA \perp AD$ ，而 $AB \perp AD$ ，于是 $AD \perp$ 平面 PAB ，则 $\angle DAE = \dfrac{\pi}{2}$ ——很好，再证明 $\angle AEF = \dfrac{\pi}{2}$ 即可。

但我们此时发现，$\angle AEF$ 还真是"前不着村，后不着店"啊。关键问题

是，点 F 的位置无法确定，借助位置关系或勾股定理似乎都无法证明我们想要的垂直关系……唉，我们可能又要绕回去证明 $EF \parallel AD$ 了。

来回地尝试、倒腾，其实是很正常的操作。你一定要有耐心，千万不要急躁，因为急躁只会让你变得越来越没头绪。

我们现在要证明平行，那一定不会是利用内错角、同位角这些东西，而是利用线面平行或面面平行这些工具。

注意到 EF 是平面 $EFDA$ 和平面 PBC 的交线，如果我们能证明 $AD \parallel$ 平面 PBC，不就等价于证明 $EF \parallel AD$ 了？因为 $AD \parallel BC$，且 AD 不在平面 PBC 内，所以 $AD \parallel$ 平面 PBC，于是 $EF \parallel AD$。第二问做完了。

当然，你在书写答案的时候一定要注意尽量行文简洁——在平时写作业的时候，你就要养成这个习惯，能不写汉字就不写，尽量用字母、符号等代替汉字来表达。比如，第二问的整个解答过程可以这么写：

$AD \parallel BC \Rightarrow AD \parallel$ 平面 PBC，平面 $EFDA \bigcap$ 平面 $PBC = EF$，得 $AD \parallel EF$；
$PA \perp$ 平面 $ABCD \Rightarrow PA \perp AD$，$AB \perp AD$，得 $AD \perp$ 平面 PAB，即 $\angle DAE = \dfrac{\pi}{2}$，则截面是直角梯形。

你要是这样写，无论是在平时作业、单元测验，还是在期中或期末考试时，恐怕都不会得到满分，总得被老师扣点儿分；但在高考中，这么写过程几乎不会被扣分——阅卷人不可能不知道你省略的是什么，千万不要写一堆"因为""所以"，真的太浪费时间了，用箭头、符号表示因果关系即可。

第三问是一道常规题。我们只要过点 D 作 AC 的平行线，交 BC 于

G，则

$$GP = \sqrt{11}a，DP = \sqrt{5}a，DG = \sqrt{2}a$$

由余弦定理可知

$$\cos \angle PDG = -\frac{\sqrt{10}}{5}$$

即异面直线 PD 和 AC 所成角的余弦值为 $\frac{\sqrt{10}}{5}$。

例4 在四棱锥 $P-ABCD$ 中，底面 $ABCD$ 是正方形，平面 $PAD \perp$ 平面 $ABCD$，点 M 在线段 PB 上，此时 PD // 平面 MAC，$PA = PD$。

(1) 判断点 M 在 PB 上的位置并说明理由。

(2) 记直线 DM 与平面 PAC 的交点为 K，求 $\dfrac{DK}{KM}$。

(3) 若异面直线 CM 与 AP 所成角的余弦值为 $\dfrac{\sqrt{7}}{7}$，求二面角 $M-CD-A$ 的平面角的正切值。

我们先按照题设把图画出来（图 6.10）。

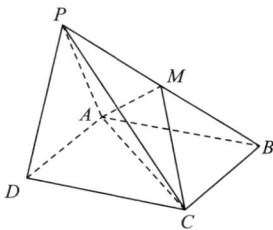

图 6.10

点 M 看起来在 PB 上的什么位置？是不是线段的中点？很好，"问题"此时变成了"条件"，咱们只要证明点 M 是 PB 的中点就行。

一定要以最快的速度把"开放问题"变成"有目标的问题"，然后反过来进行证明：求证有定值，就先把定值找到；是存在性问题，就去找极端情况和特殊情况。总之，越快把目标确定下来越好。就像这道题，你只要把图画准，肉眼可见点 M 就是中点，思路自然就打开了。

如果点 M 是中点，且 PD // 平面 MAC，而 P、D、M 在同一个平面内。很显然，平面 PDM 和平面 MAC 有交线，且 PD 平行于这条交线。这条交线看来非常重要，我们必须把它找到。

连接 BD，设其交 AC 于 Q，由于底面是正方形，因此 Q 是 DB 的中点（图 6.11）。根据线面平行的性质，可以得到 PD // MQ，因此点 M 是 PB 的中点。

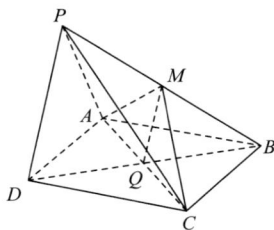

图 6.11

我们已经无数次地证明了，将所求、所证的结果作为"引路人"的好处，这次也不例外。

根据第二问的题设，我们先连接 DM 交平面 PAC 于点 K（图 6.12）。像这样"一箭穿心"的图，对于很多高中生来说是最可怕的：DM 就像大海中的一叶扁舟，你置身于这条小舟之上，听着挺浪漫的，但你发现根本看不见土地的影子，换了谁都会吓得魂飞魄散吧？所以，我们要做的第一件事就是安全回到陆地上：把孤零零的线段 DM 和其他线段联系起来。怎么联系呢？

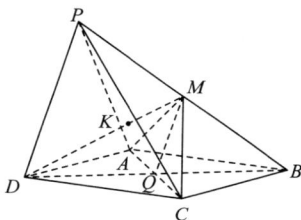

图 6.12

我不知道你会怎么想，但我肯定会从结论往回猜。因为结论让我们求比值，所以，我的脑海中出现了几种常见的求比值方法：

- 利用相似三角形；
- 利用角平分线的性质；
- 利用平行线分线段成比例定理。

高中阶段很少用到相似三角形，本题的条件中完全没有提到角平分线，至于平行线嘛……DM 不就恰好夹在一组平行线 PD 和 MQ 之间吗？

所以最自然的思路就是连接 PQ，但问题马上来了：线段 PQ 一定穿过点 K 吗？

这简直是秃子头上的虱子——明摆着的啊！可为什么呢？注意到点 K 在 DM 上，即点 K 在平面 $PMQD$ 内，而点 K 也在平面 PAC 内，所以点 K 一定

落在平面 $PMQD$ 和平面 PAC 的交线 PQ 上。于是我们得到

$$\frac{DK}{KM} = \frac{PD}{MQ} = 2$$

值得注意的是，这里有个地方和之前我建议大家学会"偷懒"的情形不一样：点 K 落在交线 PQ 上，并不是"自动"成立的，我们需要给出证明过程。因此，无论是在平时写作业时还是在考试时，乃至在高考时，这一步都不能省去，否则一定会被扣分。当然，假如你想不出为什么非要写下证明过程，或者，你压根儿没想过这个问题，那么扣点分就扣点分吧，总比卡在半路，影响后面解题要强。

第三问是一道反问题，很多学生看到题目就糊涂了："告诉我这个夹角的余弦值有什么用呢？"

把这个问题想明白，其实比后面求角的正切值要容易得多。

我们要求二面角的平面角大小，通常要利用解三角形的办法，因此我们知道的关于三角形边长的条件越多越好。现在，除了知道底面是正方形以外，其他边长、棱长的长度均是未知的。我们总共只知道 4 条线段的长度，所以题目条件给出异面直线夹角的余弦值，其目的在于让我们得到足够多的线段长度，从而求解。

接下来就要平移线段了。由于点 M 是 PB 的中点，我们不妨延长 BC 到点 E，使得 $BC = CE$，连接 PE、AE，因为 $PE \parallel CM$，所以 $\angle EPA$ 即为异面直线 PA 和 CM 所成的角（图 6.13）。

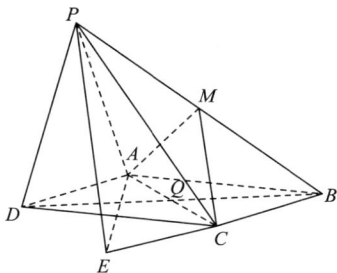

图 6.13

连接 PQ，若设底面边长为 1，则 $AE = \sqrt{5}$；设 $PA = PD = x$，而由于平面 $PAD \perp$ 平面 $ABCD$，且 $CD \perp AD$，$AB \perp AD$，因此 $CD \perp$ 平面 PAD，$AB \perp$ 平面 PAD，则 $PB = PC = \sqrt{x^2 + 1}$。

再看看，还有没有漏下什么？似乎没有了。我们把能用 x 和 1 直接表示的线段都表示出来了，现在还缺哪条关键线段的长度呢？PE。

怎么求？我们有了 PB、PC、BC 的长度，就知道了 $\cos \angle PBC$ 的值；而有了 $\cos \angle PBC$ 的值和 PB、BE 的长度，再利用余弦定理，就能求出线段 PE 的长度了。

通过计算得到

$$\cos \angle PBC = \frac{1}{2\sqrt{x^2 + 1}}$$

$$PE = \sqrt{x^2 + 3}$$

此时 PE、PA、AE 的长度都有了，再利用余弦定理可得

$$\frac{x^2-1}{x\sqrt{x^2+3}}=\frac{\sqrt{7}}{7}$$

解得 $x=\dfrac{\sqrt{21}}{3}$ 或 $\dfrac{\sqrt{2}}{2}$ 。

剩下的事情就比较好办了。要计算二面角 $M-CD-A$ 的平面角的正切值，首先肯定要过点 M 作 $MH\perp$ 平面 $ABCD$ 于 H，然后过点 H 作 $HF\perp CD$ 于 F，则 $\angle MFH$ 就是二面角 $M-CD-A$ 的平面角。

现在的任务自然是计算线段 MH 和 FH 的长度了。这时候，点 P 简直像是在向你召唤："快往平面 $ABCD$ 再作垂线啊！"

由于平面 $PAD\perp$ 平面 $ABCD$，因此过 P 作 $PG\perp DA$ 于 G，即得 $PG\perp$ 平面 $ABCD$。又因为 $PA=PD$，所以点 G 是 AD 的中点。很显然 B、H、G 三点是共线的，可得 $MH=\dfrac{1}{2}PG=\dfrac{5}{4\sqrt{3}}$ 或 $\dfrac{1}{4}$ 。

线段 FH 的长度又该怎么求呢？如果我们延长 FH，交 AB 于 J；连接 BG（图 6.14），因为 H 是线段 BG 的中点，所以 $HJ=\dfrac{1}{2}AG=\dfrac{1}{4}$，可得 $HF=\dfrac{3}{4}$，因此 $\tan\angle MFH=\dfrac{5}{3\sqrt{3}}$ 或 $\dfrac{1}{3}$ 。

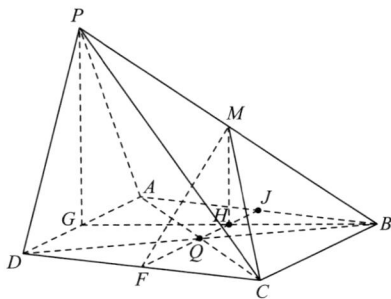

图 6.14

例5 如图 6.15，在 $\triangle ABC$ 中，$AB=BC=2$，$\angle ABC=120°$。若平面 ABC 外的点 P 和线段 AC 上的点 D 满足 $PD=DA$，$PB=BA$，则四面体 $P-BCD$ 的体积的最大值是（　　　）。

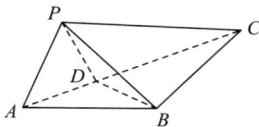

图 6.15

本题来自 2016 年普通高等学校招生全国统一考试（浙江卷）数学试题（理科），是一道高考真题。

一看到"最大值"这三个字，你要能想到，题目可能与函数相关，所以需要设参数。

注意到 $PD=DA$，$PB=BA$，而 $AB=BC=2$，$\angle ABC=120°$，马上得到 $AC=2\sqrt{3}$，$PB=BA=2$；此时设 $PD=DA=x$，然后，你要想办法把四面体 $P-BCD$ 的体积用 x 表示出来。

四面体有 4 个底面可以选。你觉得，挑哪个来计算面积最合适？毫无疑问，$\triangle BCD$ 是最合适的，于是

$$S_{\triangle BCD}=\frac{1}{2}BC\cdot CD\cdot\sin\frac{\pi}{6}=\frac{1}{2}\left(2\sqrt{3}-x\right)$$

下一步自然就是计算四面体 $P-BCD$ 的高了。事实上，四面体 $P-BCD$、$P-ABD$ 和 $P-ABC$ 对应的三条高都是相等的，而且，我们不可能再通过 $P-BCD$ 来求高了，因为 $\triangle BCD$ 已经提供了底面积，大概率它要"功成身

退"了——总要给条件 $PB = BA$ 一个表现的机会啊。

结合 $PD = DA$，高很可能是通过 $P - ABD$ 求出来的。怎么求？过点 P 作 $PH \perp$ 平面 ABC，问题是：点 H 落在哪里？一定要注意，线面垂直的核心问题就是射影的位置。令人沮丧的是，这个位置不太好找。

我们再看，已知条件有 $PD = DA$，$PB = BA$，换句话说，如果要找点 B 在平面 PAD 上的射影是很容易的，只要找线段 PA 的中点 Q，然后过点 B 作 DQ 的垂线即可。

你说该怎么办呢？直接求有困难，那就用间接法呗。在求三角形的高时，如果不能直接求得，那我们往往可以通过"面积法"转换求得结果。在立体图形求高的问题中，间接法该怎么做？

把面积法变为体积法！

先求四面体 $P - ABD$ 的体积，再求 $\triangle ABD$ 的面积，这样不就得到底面 ABD 所对应的高了？$\triangle ABD$ 的面积是显然的，等于

$$\frac{1}{2} x \cdot 2 \cdot \sin \frac{\pi}{6} = \frac{x}{2}$$

很明显，$\triangle ABD$ 和 $\triangle PBD$ 是全等的，而剩下的两个三角形都只有两条边的长度是已知条件，缺少一个角或一条边的信息。如果强行设 $PA = y$，那如此得到的四面体 $P - ABD$ 体积是一个关于 x 和 y 的二元函数——超纲了。

搞了半天，都是无用功，想必你受到的打击很大吧。在高考中，放弃这道题的大有人在，有人觉得"我不配做出这道题"，于是彻底放弃；有人

先去做那些有把握的题目，如果有时间，再回头来解决。这两种都是很好的策略，最糟糕的情况就是，有人在气馁时发怒了，然后开始和题目"死磕"……这样做的后果我不再赘述，总之这绝对是糟糕的策略。在考试的时候，你多一分冷静，胜算就多一成。

这样的结果说明，八成还有什么条件被漏掉了。再读读题。

我们要求的是四面体 $P-BCD$ 的体积的最大值，在什么时候它有最大值呢？在 $\triangle BCD$ 面积不变的情况下，点 P 到平面 BCD 距离越远，则四面体的体积越大。换句话说，在体积最大的时候，平面 PBD 应该垂直于平面 BCD。

这就是本题的题眼。可悲的是，就算找到了题眼，很多学生到最后仍然没有算对。计算不重要吗？

当平面 $PBD \perp$ 平面 BCD 时，点 P 到 BD 的距离即为四面体 $P-BCD$ 的高。为方便起见，我们这时候把 $\triangle PBD$ 单独画出来（图 6.16）。于是，问题就变成了：已知 $PB=2$，$PD=x$，$\angle BPD=30°$，求边 BD 上的高。

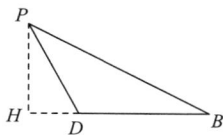

图 6.16

事实上，立体几何的题目中经常会出现这种情况：到最后，题目变成了解三角形的问题。解题到这一步，你可能已经把原图画得一塌糊涂了，此时，我建议把相关的三角形单独抽出来，再画一张草图，同时仔细、仔细、仔细（这里不是印刷错误，而是重要的事情说三遍，毕竟在这个时候，誊写错误很容易发生）地把所有位置关系和数量关系加以标注，这样可以节约看图的时间。

此时我们已经计算了 $\triangle ABD$ 的面积为 $\dfrac{x}{2}$，接下来计算 BD 的长度即可。

由余弦定理可知

$$BD = \sqrt{x^2 - 2\sqrt{3}x + 4}$$

即

$$h\sqrt{x^2 - 2\sqrt{3}x + 4} = x$$

于是四面体 $P-BCD$ 的高为

$$h = \frac{x}{\sqrt{x^2 - 2\sqrt{3}x + 4}}$$

算得

$$V_{P-BCD} = \frac{1}{3} \cdot \frac{1}{2}(2\sqrt{3} - x) \cdot \frac{x}{\sqrt{x^2 - 2\sqrt{3}x + 4}} = \frac{1}{6} \cdot \frac{x(2\sqrt{3} - x)}{\sqrt{x^2 - 2\sqrt{3}x + 4}}$$

是的，我们现在要求函数 $y = \dfrac{1}{6} \cdot \dfrac{x(2\sqrt{3} - x)}{\sqrt{x^2 - 2\sqrt{3}x + 4}}$ 的最大值。当然，如果你

是一个认真、仔细的娃，可以先把 $\dfrac{1}{6}$ 撇了，直接研究 $y = \dfrac{x(2\sqrt{3} - x)}{\sqrt{x^2 - 2\sqrt{3}x + 4}}$ 的最

大值，最后别忘了把 $\dfrac{1}{6}$ 乘回去；如果你是一个粗心大意的娃，那你还是带着

$\dfrac{1}{6}$ 吧，不然我怕你不记得乘回来。考试的时候能少写一点儿就少写一点儿，这是原则问题。

注意到分子、分母中有大量重复的部分，所以自然想到了换元法。令 $x^2-2\sqrt{3}x=t$ ，则 $y=\dfrac{-t}{\sqrt{t+4}}$ 。

虽然我们没有研究过这类函数的最值问题，但很显然，当 t 有最小值的时候，$-t$ 有最大值，$\dfrac{1}{\sqrt{t+4}}$ 也有最大值，此时 y 必有最大值。于是，问题就变成了求二次函数 $t=x^2-2\sqrt{3}x$ 最小值的问题。当 $x=\sqrt{3}$ 时，t 有最小值 -3 ，此时 y 的最大值为 3 ，即体积的最大值为 $\dfrac{1}{2}$ 。

做完了吗？

看到这四个字，我的老读者的心里肯定凉凉的：贼老师这么说，那肯定是没做完，但哪里没做完呢？

$x=\sqrt{3}$ 能否取到，这一点你考虑了吗？我们返回原图，当 $x=\sqrt{3}$ 时，恰好点 D 是 AC 的中点，它完全可以取得到，题目算是做完整了。

这是一道填空题啊，是否考虑这一点，其实对答题根本没影响——被贼老师给骗了吧？但这道填空题的难度确实比一般的解答题还要大。所以，立体几何不是没有难题，而是立体几何的解答题一般真是没什么难题。

例 6 如图 6.17，平面 $PAC \perp$ 平面 ABC，$\triangle ABC$ 是以 AC 为斜边的等腰直角三角形，E、F、O 分别为 PA、PB、AC 的中点，$AC = 16$，$PA = PC = 10$。

(1) 设 G 是 OC 的中点，证明：$FG /\!/$ 平面 BOE。

(2) 证明：在 $\triangle ABO$ 内存在一点 M，使 $FM \perp$ 平面 BOE。并求点 M 到 OA、OB 的距离。

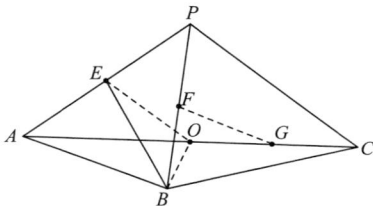

图 6.17

本题来自 2009 年普通高等学校招生全国统一考试（浙江卷）数学试题（理科）——很有意思的一道题目，我们来看看。

第一问的关键是找到平面 BOE 内那条和 FG 平行的线段，而我们目测，这条线段应该有一个端点是 O，所以连接 FA，交 EB 于 K。OK 看着就像和 FG 平行（图 6.18）。而点 K 是 $\triangle PAB$ 的重心，所以

$$\frac{AK}{KF} = \frac{2}{1} = \frac{AO}{OG}$$

从而 $OK /\!/ FG$，第一问证毕。

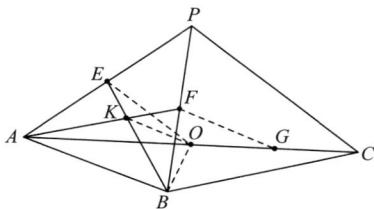

图 6.18

第二问的问法很奇特，还没学过向量法的同学可能一看题设就目瞪口呆了——永远不惧怕陌生的描述，一定要克服恐惧感。你先顺着贼老师的思路走一遍，然后自己复盘，这是种非常好的学习方法。

求什么就设什么。我们设点 M 到 OA、OB 的距离分别为 x、y。这时候作过点 F 且和平面 BOE 垂直的直线 FM，交 $\triangle ABO$ 于 M。我们发现，这条垂线孤零零的，看着很不舒服，所以我们要利用化归思想，改变作图方式：把线段 FM 平移——平移到哪里呢？

图中有那么多中点，你觉得怎么平移最合适？当然是利用中位线，既然 F 是中点，那么 FM 就应该是中位线。我们要给这条中位线找一条合适的底边，对不对？于是，这条底边的一个端点就应该是点 P。

不过，如果底边的另一个端点 N "前不着村，后不着店"，那肯定不行。另一个端点 N 落在哪里最好呢？是不是落在 AC 这条边上最为有利？若真是这样，我们想找的这条中位线所对应的底边 PN 垂直于 OE 即可，因为 $OB \perp$ 平面 PAC，所以 $OB \perp PN$，进而 $PN \perp$ 平面 EOB。至此，我们的思路很清晰了：过点 P 作 $PN \perp OE$，交 AC 于 N，由前面的分析可知 $PN \perp$ 平面 BOE，连接 NB。这时候反过来找我们想要的点 M：过点 F 作 $FM \parallel PN$，交

NB 于 M（图 6.19）。

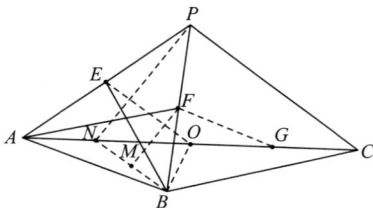

图 6.19

后面就是计算问题了。因为点 F 是 PB 的中点，所以 M 是 NB 的中点，因此点 M 到 OA 的距离等于线段 OB 长度的一半，即为 4。点 M 到 OB 的距离等于 ON 长度的一半，因为 $\cos \angle PCA = \dfrac{4}{5}$，所以 $CN = \dfrac{25}{2}$，$ON = \dfrac{9}{2}$，则 M 到 OB 的距离等于 $\dfrac{9}{4}$。

例 7 如图 6.20，在三棱锥 $P\text{-}ABC$ 中，$AB \perp BC$，$AB = BC = kPA$，点 O、D 分别是 AC、PC 的中点，$PO \perp$ 底面 ABC。

(1) 当 $k = \dfrac{1}{2}$ 时，求直线 PA 与平面 PBC 所成角的大小。

(2) 当 k 取何值时，O 在平面 PBC 上的射影恰好为 $\triangle PBC$ 的重心？

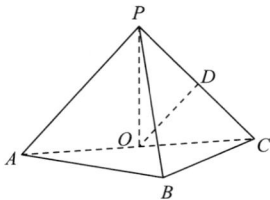

图 6.20

我们不妨设 $PA = 4$，则 $AB = BC = 2$，$AC = 2\sqrt{2}$，$AO = \sqrt{2}$。当然，你也可以设 $PA = 1$，但这样会有大量的线段长度只能用分数表示——在计算中，尽量少出现分数，是避免犯下低级错误的良方。

由于点 O 是 AC 的中点，$PO \perp AC$ 于 O，因此由三线合一的性质可知 $PA = PC$。此时唯一一条未知长度的线段就是 PB，不过很容易利用全等关系得到 $PB = PC = 4$。

下一个问题是：过点 A 向平面 PBC 作垂线，射影在哪里？我们发现并不好找。一定不要和题目"较劲儿"，"明知山有虎，偏向虎山行"的精神不是用在这里的。立体几何的解题思路还是比较容易找到的，一眼看去找不到垂足，那看看能不能平移？OD 是 PA 天然的平行线，那么 OD 在平面 PBC 上的射影好找吗？

事实上，由于 $OB = OC$，$PB = PC$，因此我们马上可以根据对称性知道，点 O 在平面 PBC 上的射影一定落在 BC 的中垂线上。取 BC 的中点 E，连 PE 和 OE，易知 $BC \perp$ 平面 PEO。过 O 作 $OF \perp PE$，而 $BC \perp OF$，则 $OF \perp$ 平面 PBC，即点 F 就是 O 在平面 PBC 上的射影，$\angle ODF$ 就是 OD 和平面 PBC 所成的角（图 6.21）。

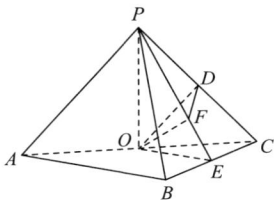

图 6.21

因为 $OE = 1$，$OP = \sqrt{14}$，$PE = \sqrt{15}$，所以 $OF = \sqrt{\dfrac{14}{15}}$，可得 $\sin \angle ODF =$

$\dfrac{1}{2}\sqrt{\dfrac{14}{15}}$。

有意思的是，在高考题目中，三角形的重心问题除了会出现在立体几何部分以外，还会频繁出现在解析几何的相关题目里。

设 $PA = PC = PB = 1$，$AB = BC = k$，则 $AC = \sqrt{2}k$。我们几乎可以直接应用第一问中推出的所有结论。由于点 O 的射影点 F 是 $\triangle PBC$ 的重心，而点 D 是 PC 的中点，这意味着 D、F、B 三点共线。连接 BF 和 OB（图 6.22），而 $OB \perp PC$ 且 $OF \perp PC$，即 $PC \perp$ 平面 OBD，于是 $PC \perp DB$，即 $PB = BC$，所以 $k = 1$。

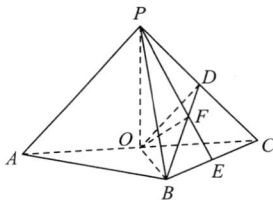

图 6.22

通过以上这些例题，我希望你对立体几何的认识变得更清晰、更直观了。在平面几何中，辅助线的添加技巧性极强，但在立体几何中，辅助线的添加方法简直平平无奇。然而，在三角函数的运用和在计算方面的要求上，立体几何要远超平面几何。

重申一下，我的书不是习题集。我侧重讲解基本概念、分析出题人的出题逻辑，同时，我希望教你如何试错、如何知错、如何纠错——对于高手来说，这三个思考过程所花费的时间可能非常短暂，短暂到他们甚至都不知道该如何去描述它们。而对于大多数普通学生来说，仔细思考、分析这三个过程是非常宝贵的训练机会。

我在大量的教学、阅卷实践中见过各种各样的错误。我现在的任务就是把这些错误一五一十地告诉你——出错的时候会有什么现象？如何去纠正这些错误？

我不是神，不可能帮到每一个学生，但我相信，大多数中等水平的学生在看完这些解析后会有所收获。事实上，从创作第一本书开始，我就在坚持灌输这样一个观点：数学研究和数学应试的区别很大。有人恐怕一辈子都不会喜欢数学，甚至会厌恶数学，但几乎所有人一生中都会碰到数学考试。

我承认，我讲的有些方法在你的数学课上是不会出现的，因为它们貌似太不"数学"了。但对于考生来说，在考试中多拿分有着很重要的意义。如果你真的把我嘱咐的要求都做到了，那在自己的数学能力范围内，你就有机会达到成绩的"天花板"。

不过，虽然我希望帮助你应试，却不意味着本书中只有应试技巧而忽视了对数学思想的阐述。事实上，我一直在找寻应试技巧和数学思想之间的平衡点，因此和其他书相比，本书的"数学性"并不见得有什么缺失，没准儿可能更高一些。

当然，到目前为止，本书介绍的大多是最传统的思路和技巧。接下来，我要讲的内容就是"暴力美学"风格的了——向量法。在《不焦虑的函数：从中考到高考》一书中，我就讲过如何运用一次函数来证明几何命题，但有些题目的计算量比较大，比如，一个内心的坐标能让你算"半天"。然而在立体几何中，向量法变得非常好用——运算量还是大一些，但比平面几何中的运算量要小很多了。向量法总体上的"性价比"很高，渐渐地成了"主流"。

好啊，贼老师，那你为什么要讲这么多传统的纯几何法？上来就讲向量法不好吗？

从前，有一个人肚子很饿，他一口气吃了七个饼才吃饱。然后，他抹抹嘴说："唉，早知道吃第七个饼就吃饱了，前面那六个饼我就不吃了。"

　　向量在数学、物理学和工程学中是一个非常重要的基本概念。从数学的角度看，向量是带方向且有大小的量。在几何上，人们通常用带箭头的线段来表示向量。在物理学中，人们通常把向量称为矢量，如力、速度、位移等都是矢量。

　　向量的应用范围极为广泛。在近现代数学中，它是最重要的基本概念之一。我们在初中阶段就学过平面向量。毫无疑问，在高中阶段，我们将用化归思想学习空间向量。在平面几何中，平行、垂直、夹角和距离这些概念都可以通过计算平面向量来描述；而在立体几何中，这些概念依然存在，但肯定会有一些区别。

　　有一个很明显的事实：我们可以用向量的方向性代替直线整体，从而描述直线之间的位置关系。然而，由于平面上的直线和空间中的直线并没有什么本质上的区别——都是两点确定一条直线，因此，向量的表示形式不会有很大差异。但在立体几何中，我们怎么用向量来表示平面呢？又怎么用向量来表示线面关系和面面关系呢？

　　我们合理地猜一猜：八成要用某一种或某些特殊的向量来代替平面，以便把线面关系和面面关系都转化成线线关系。但是，一个平面内有无数条直线，我们看不出哪条直线十分特殊，可以代表整个平面。这是一个需要关注的问题。

空间向量和平面向量在本质上并无区别，其中向量的相关运算也完全相同。从技术上来说，从平面向量延拓到空间向量并不难，我们只需注意涉及平面的向量该如何处理就行——当然，这一定是重点，也是难点。

我们先来学习一下空间向量的表示方法和基本运算。

空间向量通常用小写字母或希腊字母表示。如果向量 a 的起点为 A，终点为 B，则可以用 $\overrightarrow{AB}$ 表示该向量。向量的大小称为向量的长度或模，可以用 $|a|$ 或 $\left|\overrightarrow{AB}\right|$ 表示。

方便起见，我们规定长度为 0 的向量叫作零向量，记为 $\mathbf{0}$。从几何上看，零向量表示有向线段的起点 A 和终点 B 重合，即为 $\overrightarrow{AB} = \mathbf{0}$。此外，我们把模长为 1 的向量称为单位向量。

我们知道，数学中的"量"基本上都可以比较大小。向量要比较大小，就需要考虑大小和方向两个维度，因此，如果两个向量相等，那它们必然要大小和方向都相同才行，差一个条件都不行。从几何上看，如果两个向量仅通过平移就能完全重合，那我们就认为这两个向量相等。

平面向量的基本运算包括向量的加（减）法。事实上，向量的加（减）法可以通过作平行四边形来表示。方法很简单，只要把两个向量平移到共同起点，然后作以这两条向量为邻边的平行四边形，则两条对角线分别为向量和与向量差的几何表示（图 7.1）。

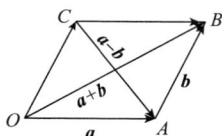

图 7.1

这就是几何直观。从图 7.1 上，我们可以清楚地看到向量和与代数和（数的相加，如 3+4、5+6 等，称为代数和）有着本质的区别。

代数和是在同一数轴上进行线段的"拼接"或"裁减"，比如，3+4 表示一条长度为 3 的线段和一条长度为 4 的线段接成一条长度为 7 的线段，而 4−3 表示在长度为 4 的线段上截去一条长度为 3 的线段。

然而，众所周知，所有的数学概念最终都要和"数"结合起来，如果基本概念的表述只停留在几何直观上，那它是没有"灵魂"的。数形结合，"数"是主角，"形"是辅助——"形"帮助我们更好地理解"数"。那么，我们该怎么用"数"来表示向量呢?

事实上，二维向量的代数表示和平面直角坐标系中点的坐标表示是一致的。因此我们很容易推断出，空间向量（即三维向量）的代数表示和空间直角坐标系中点的坐标表示也是一致的。

与平面直角坐标系类似，空间直角坐标系是由三条两两垂直且有共同交点的直线构成的（图 7.2）。

其中，点 O 称为坐标原点，三条直线 Ox、Oy、Oz 称为坐标轴，依次叫 x 轴、y 轴和 z 轴。通过每两条坐标轴的平面称为坐标平面，即 yOz 平

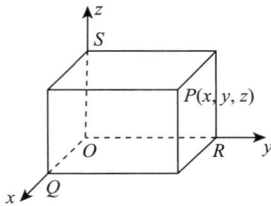

图 7.2

面、zOx 平面和 xOy 平面。

这些概念是不是都可以在平面直角坐标系中找到天然的对应？接下来我们看看区别在哪里。

空间直角坐标系有一个全新的概念叫右手系。为什么会引入这个概念呢？

假设在任意给定平面内有两条互相垂直的直线，我先在其中一条直线的任意一端画一个箭头，并标注 x 或 y。你是不是猜到另一个箭头该怎么画了？

在平面直角坐标系中，你一旦选定了其中一条坐标轴的方向，其他坐标轴的方向自动就定好了。

但是，空间中的情形要复杂得多。假设给定了空间中三条两两垂直的直线，且它们都没有被标注，然后，任意选两条直线，按照平面直角坐标系的方法标注为 x 轴和 y 轴，请你把剩下的那条 z 轴标注出来。此时，你会发现 z 轴的方向不唯一（图 7.3）。

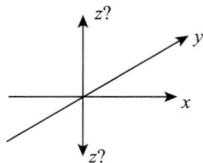

图 7.3

为了让这三条坐标轴的排序有规律且唯一，人们引入了右手系的概念。如果同时伸出右手的拇指和食指，它们的指向分别代表 x 轴和 y 轴的方向，这时再垂直竖起中指，那么中指指向的就是 z 轴的方向（图 7.4）。因此在图 7.3 中，拥有向上箭头的一端才是符合右手系的 z 轴。我们也可以将右手四指握住，四指的指向代表从 x 轴指向 y 轴的方向，则大拇指的指向即为 z 轴的方向（图 7.5）。

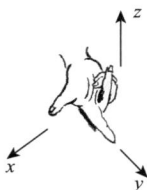 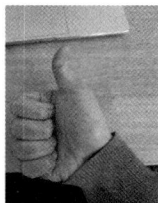

图 7.4   图 7.5

如果用左手的拇指、食指、中指的指向分别代表 x 轴、y 轴、z 轴的方向，那么这样的坐标系称为左手系（图 7.6）。本书中所有坐标系均为右手系。

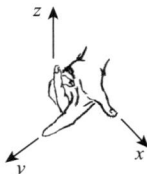

图 7.6

设 P 为空间中一点。过点 P 作三条轴的垂直平面，分别与 x 轴、y 轴、z 轴交于 A、B、C 三点，这三点在相应轴上的坐标分别为 x、y、z，于是，任意的点 P 确定了 3 个有序实数 x、y、z，我们称之为点 P 的坐标，用 (x, y, z) 表示。不难看出，如果点分别在 x 轴、y 轴和 z 轴上，则点的坐标为 $(x, 0, 0)$, $(0, y, 0)$, $(0, 0, z)$；如果点分别在 yOz 平面、zOx 平面和 xOy 平面上，则点的坐标为 $(0, y, z)$, $(x, 0, z)$, $(x, y, 0)$；特别地，空间直角坐标系的原点坐标为 $(0, 0, 0)$。坐标轴和坐标平面上的点比其他的点特殊，它们往往会有很好的性质，通常也是解题的关键所在。

因此，当在空间中取定直角坐标系后，我们就建立了空间中所有点和由 3 个有序实数构成的数组全体之间的一一对应——给定了一个点，就有唯一的坐标与之对应；给定了一个有序数组，就有唯一的点与之对应。

3 个坐标平面将空间分为 8 个部分，每一部分叫作一个卦限（图 7.7）。平面直角坐标系中"象限"这一称呼的来源，我在《不焦虑的函数：从中考到高考》一书中讲过，而卦限是象限在三维空间中的对应。

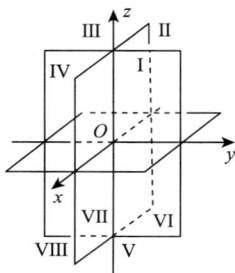

图 7.7

作为练习，请你把每个卦限中的点的坐标分量的符号写出来。例如，第 I 卦限就写 $(+, +, +)$，第 II 卦限写 $(-, +, +)$，以此类推。

空间中两点间的距离公式完全可以仿照平面上的情形写出来，我们只需在证明的时候，从原来构造直角三角形变成构造长方体即可。设 $P(x_1, y_1, z_1)$，$Q(x_2, y_2, z_2)$，则它们之间的距离是

$$PQ = \sqrt{(x_1 - x_2)^2 + (y_1 - y_2)^2 + (z_1 - z_2)^2}$$

有了空间直角坐标系这个工具后，我们就可以轻松地描述向量了。在空间直角坐标系中，以坐标原点为起点、以点 $P(x, y, z)$ 为终点的向量 $\overrightarrow{OP}$ 叫作

点 P 的定位向量。对于空间中的任一向量 $\overrightarrow{AB}$，如果其起点不是坐标原点，我们总可以将它平移到原点，使之与某一定位向量重合。

很显然，向量 $\overrightarrow{OP}$ 在三条坐标轴上的射影恰好就是点 $P(x, y, z)$ 对应的坐标分量，即空间中任意一点 $P(x, y, z)$ 的坐标为其定位向量的坐标表示。如果两个向量能仅通过平移就完全重合，则这两个向量相等，并且其对应的坐标也相同。

向量的长度可以看作从起点到终点的距离，即其坐标的平方和的算术平方根。如果向量 $\boldsymbol{a}$ 的坐标表示为 (x, y, z)，则向量的长度为

$$|\boldsymbol{a}| = \sqrt{x^2 + y^2 + z^2}$$

之前我们提到过，长度为 1 的向量称为单位向量。如果把所有单位向量的起点平移到坐标原点，则这些向量的终点刚好构成一个单位球面。在这些单位向量中，有三个特殊的情形需要关注：$(1, 0, 0), (0, 1, 0), (0, 0, 1)$。这三个向量的方向分别和三条坐标轴的方向相同，分别记作 $\boldsymbol{e}_1, \boldsymbol{e}_2, \boldsymbol{e}_3$。

初学者想要更好地弄清楚这些概念，仍然可以借助立方体（图 7.8）。

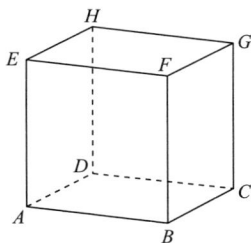

图 7.8

以图 7.8 为例，图中的哪个点可以作为空间直角坐标系的坐标原点呢？

答：点 D。对不对？

当然不对。正确答案应该是空间中的任意一点。点 D 只是在视觉效果上最适合作为坐标原点的点而已，至于点 A、B、C、E、F、G、H 这七个点，它们是仅次于点 D 的选择。接下来要做的事情就是在立方体的每个顶点处把坐标系建立起来。

假如以点 D 为原点，选取 DH 为 z 轴，那么 DA 为 x 轴，DC 为 y 轴，从视觉效果上，这种选择是最舒服的；如果以 DH 为 x 轴，那么就以 DA 为 y 轴，DC 为 z 轴，以此类推。初学者可以在每个顶点所连的三条线段上轮换设一遍 x、y、z 轴，然后对 8 个顶点轮换设一遍坐标原点。

我又要提到"正确"与"合理"之间的关系了。理论上，选取空间中任意一点作为坐标原点都是正确的。但一般而言，人们会认为图 7.8 中的点 D 是最合理的选择。判断合理性需要考虑两个条件：一是选中的点的垂直关系要尽可能多；二是从视觉效果看，该点的位置应尽可能符合个人的视觉习惯。

立方体的 8 个顶点在垂直关系的多少上可谓不分伯仲；之所以人们一般认为点 D 是最合理的原点，是因为依照大多数人的视觉习惯，点 D 看着最舒服。但如果你就是看着点 F 更舒服，那也没问题。

假如垂直关系的多少和视觉效果只能二选一，那在通常情况下，我会优先考虑垂直关系较多的点，而把视觉效果放在次要位置。当然还是那句话——根据个人习惯选择。如果你对位置关系的需求较高，在视觉效果不舒服的位置上建立坐标系，你会很容易搞错坐标轴的排列顺序或方向等，那还是优先考虑视觉效果吧。

比如，我给你下面这样一张图（图7.9）。

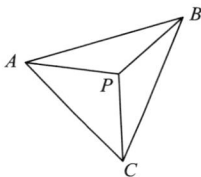

图 7.9

如图 7.9，$AP \perp BP, BP \perp PC, PC \perp AP$，从我的个人习惯来看，点 P 是坐标原点的不二之选；但对于有些同学来说，如果把坐标原点定在了点 P，那他们很容易搞错坐标轴的排列顺序，这样一来，就不如选点 C 为坐标原点，然后作 AP 和 PB 的平行线，补成一个完整的坐标系即可。

总之，怎么能降低出错率，你就怎么来。不管采用什么方法，你都要结合自己的实际情况，按照一个模子学习绝对是大忌。

对于知道起点和终点坐标的向量，要计算其坐标表示，只需把终点和起点的坐标相减，即 $\overrightarrow{AB} = \overrightarrow{OB} - \overrightarrow{OA}$。例如 $A(1, 0, 1)$，$B(0, 2, -1)$，则 $\overrightarrow{AB} = \overrightarrow{OB} - \overrightarrow{OA} = (-1, 2, -2)$。

按照过去学习线线关系、线面关系、面面关系的方法，我们可以在建立坐标系后，分别把立方体各条棱、面对角线、体对角线所代表的向量写出来；然后，取得各线的中点、三等分点等特殊点位，再将之互相连接得到一系列的线段，写出代表这些线段的向量的坐标表示。这是用向量

法解决立体几何问题的基础练习，当然，这始终是较容易出现低级错误的
地方。

现在看一看向量的运算。

两个向量之间的加（减）法就是对应分量之间的加（减）法。这可以看
成数的加（减）法的自然延拓。我们上面讲过，其几何意义是向量所对应的
平行四边形（图 7.1）的对角线。

向量的数乘运算

$$ka = k(x_1,\ y_1,\ z_1) = (kx_1,\ ky_1,\ kz_1)$$

可以看成数的乘法的直接推广，其几何意义就是把原向量 a 沿着原指向
（ $k>0$ 时）或反向（ $k<0$ 时）拉伸至原来的 $|k|$ 倍。利用原有的知识，我们理
解向量的加（减）法和数乘运算应该不困难。

接下来，我们将引入向量所特有（数没有）的运算：向量的内积。

什么是向量的内积？定义如下：两个向量 a 和 b 的内积是一个数，
记为 $a \cdot b$ ，当这两个向量为非零向量时，它们的内积等于其各自的长度
和夹角的余弦值的乘积，即 $a \cdot b = |a||b|\cos\langle a,\ b\rangle$ ；当 a 和 b 中至少有一个
为零向量时，内积规定为零，即 $a \cdot b = 0$ 。通常，我们也把内积称为点乘
或数量积。

如果向量 a 和 b 相互垂直，则 a 和 b 之间的夹角为 $\dfrac{\pi}{2}$ ，此时 $\cos\langle a,\ b\rangle = 0$ ，

所以 $a \cdot b = 0$。这种情况是我们从未见过的奇观：居然有一种乘法，在积为 0 的情况下，两个乘数居然都不是零！反过来说，如果 $a \cdot b = 0$，那我们并不能推出 a 和 b 中必有一个是零向量。因此，向量的内积不能简单地类比为数的乘积，这是一种全新的"乘法"。在这种乘法里，消去律并不成立，即若 $a \cdot b = a \cdot c$ 且 a、b、c 均为非零向量，则不能推出 $b = c$。

但很显然，如果两个非零向量的内积为零，则这两个向量必定互相垂直。

内积的出现，使得我们证明两条直线垂直有了新工具：只要写出两条直线的向量表示，并计算其内积，如果结果为零，那么这两条直线互相垂直。

事实上，除了垂直以外，两个向量的夹角一般也可以通过内积进行计算。我们将内积公式改写成

$$\cos \langle a,\ b \rangle = \frac{a \cdot b}{|a||b|} \quad (\text{a 和 b 均为非零向量})$$

不难发现，对于任意两个确定的非零向量来说，其夹角的余弦值可以直接计算得到。

看到这里，你还能想到向量在立体几何中会有什么用武之地？

没错，如果把两条异面直线的向量表示分别写出来，那么求它们的夹角就再也不用添加任何辅助线了！现在的问题是，给出两个向量 a 和 b 的坐标表示，该如何计算其内积呢？下面我将直接给出内积的计算公式，而不加以证明，因为向量在立体几何中就是纯粹的工具。

需要注意的是，向量夹角的取值范围是 $[0, \pi]$，而异面直线夹角的取值范围是 $\left(0, \dfrac{\pi}{2}\right]$。如果用向量法求出两条直线的夹角为钝角，则取其补角。所以，内积帮我们解决了所有求异面直线夹角的问题。

两个向量的内积等于其对应分量乘积的和，即若 $\boldsymbol{a} = (x_1, y_1, z_1)$，$\boldsymbol{b} = (x_2, y_2, z_2)$，则 $\boldsymbol{a} \cdot \boldsymbol{b} = x_1x_2 + y_1y_2 + z_1z_2$。根据向量内积的计算规则，很容易验证它满足以下运算律：

$$(k\boldsymbol{a}) \cdot \boldsymbol{b} = k(\boldsymbol{a} \cdot \boldsymbol{b})$$

$$\boldsymbol{a} \cdot \boldsymbol{b} = \boldsymbol{b} \cdot \boldsymbol{a}$$

$$\boldsymbol{a} \cdot (\boldsymbol{b} + \boldsymbol{c}) = \boldsymbol{a} \cdot \boldsymbol{b} + \boldsymbol{a} \cdot \boldsymbol{c}$$

因此

$$\cos\langle \boldsymbol{a}, \boldsymbol{b} \rangle = \frac{x_1x_2 + y_1y_2 + z_1z_2}{\sqrt{x_1^2 + y_1^2 + z_1^2}\sqrt{x_2^2 + y_2^2 + z_2^2}}$$

即向量 $\boldsymbol{a}$ 和 $\boldsymbol{b}$ 之间的夹角为

$$\arccos\frac{x_1x_2 + y_1y_2 + z_1z_2}{\sqrt{x_1^2 + y_1^2 + z_1^2}\sqrt{x_2^2 + y_2^2 + z_2^2}}$$

当 $\cos\langle \boldsymbol{a}, \boldsymbol{b} \rangle < 0$ 时，怎么办？此时两条异面直线之间的夹角为

$$\pi - \arccos\frac{x_1x_2 + y_1y_2 + z_1z_2}{\sqrt{x_1^2 + y_1^2 + z_1^2}\sqrt{x_2^2 + y_2^2 + z_2^2}}$$

这么好用的工具，我们不妨拿立方体来试一试？如图 7.10，我们来计算一下立方体中异面直线 *BH* 和 *DG* 之间夹角的大小。

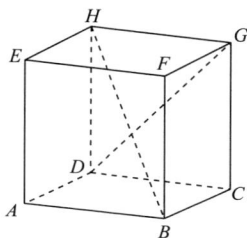

图 7.10

虽说线段 *BH* 和 *DG* 是两条异面直线，但我们只需把它们看作向量，再计算它们的夹角，而这两条线段的向量表示是很容易的。我们选取点 *D* 为坐标原点，*DA* 为 *x* 轴，*DC* 为 *y* 轴，*DH* 为 *z* 轴，则点 *G* 的坐标为 $(0, 1, 1)$，点 *B* 的坐标为 $(1, 1, 0)$，点 *H* 的坐标为 $(0, 0, 1)$，则 $\overrightarrow{HB} = \overrightarrow{DB} - \overrightarrow{DH} = (1, 1, -1)$，$\overrightarrow{DG} = (0, 1, 1)$，于是 $\cos\left\langle \overrightarrow{HB}, \overrightarrow{DG} \right\rangle = 0$，即 $BH \perp DG$。

一条辅助线都不用加，是不是很令人开心？

虽然不用加辅助线，但计算的步骤明显增多了，这也增大了出现计算错误的可能性。因此，对于一些较简单的证明，用纯几何的方法会明显占优势；而对于那些需要添加复杂辅助线的情况来说，计算方法的效率会更高。

如果两个向量相互平行，那它们的内积有什么特点呢？这是不是一个很自然就该提出的问题？既然可以通过内积来判断向量间的垂直关系，那为什么不能通过内积来判断向量间的平行关系呢？

如果两个向量 a, b 相互平行，那它们之间的夹角为 0 或 π，即 $\cos\langle a, b\rangle = \pm 1$，从而

$$\frac{a \cdot b}{|a||b|} = \frac{x_1 x_2 + y_1 y_2 + z_1 z_2}{\sqrt{x_1^2 + y_1^2 + z_1^2}\sqrt{x_2^2 + y_2^2 + z_2^2}} = \pm 1$$

下一个问题自然是：$\dfrac{x_1 x_2 + y_1 y_2 + z_1 z_2}{\sqrt{x_1^2 + y_1^2 + z_1^2}\sqrt{x_2^2 + y_2^2 + z_2^2}}$ 何时能取得 ± 1？我们将式子改写成

$$\sqrt{x_1^2 + y_1^2 + z_1^2}\sqrt{x_2^2 + y_2^2 + z_2^2} = \pm(x_1 x_2 + y_1 y_2 + z_1 z_2)$$

等式两边平方后可以得到

$$(x_1^2 + y_1^2 + z_1^2)(x_2^2 + y_2^2 + z_2^2) = (x_1 x_2 + y_1 y_2 + z_1 z_2)^2$$

这不就是柯西不等式取等号吗？该不等式取等号的条件是

$$\frac{x_1}{x_2} = \frac{y_1}{y_2} = \frac{z_1}{z_2}$$

也就是说，如果两个向量对应的分量成比例，则这两个向量平行。即若 $a \parallel b (b \neq 0)$，则存在实数 k，使得 $a = kb$，反之亦然。不难验证，当 $k > 0$ 时，a 和 b 同向；当 $k < 0$ 时，a 和 b 反向。

你注意到了吗？我们已经给出了用向量代替直线的方法：在不改变向量方向的情况下，对其进行伸缩并不会改变向量间的位置关系。换句话说，如果有一系列的平行向量，则我们可以挑选其中任意一个作为所有向量的代表

向量。因此，我们只需在直线上任取一条线段，求出其向量表示，它就可以代表整条直线了。

这个方法还有一个好处。比如，如果要研究向量 $\left(\dfrac{1}{2},\ \dfrac{1}{4},\ \dfrac{1}{8}\right)$ 和 $(\sqrt{2},$ $-\sqrt{2},\ -2\sqrt{2})$ 之间的位置关系，那我们就可以用向量 $(4,\ 2,\ 1)$ 和 $(1,\ -1,\ -2)$ 来代替——毕竟，整数比分数和无理数看起来要舒服得多。这是我们在向量运算中常用的一种计算技巧。

除了平行和垂直，对于两个向量之间的其他位置关系，我们也可以计算其夹角。

例1 已知三点 $A\,(0,1,1)$，$B\,(1,2,1)$，$C\,(1,1,2)$，求向量 $\overrightarrow{AB}$ 和 $\overrightarrow{AC}$ 之间的夹角。

通过计算得 $\overrightarrow{AB}=(1,\ 1,\ 0)$，$\overrightarrow{AC}=(1,\ 0,\ 1)$，$\left|\overrightarrow{AB}\right|=\sqrt{2}$，$\left|\overrightarrow{AC}\right|=\sqrt{2}$，则

$$\cos\left\langle\overrightarrow{AB},\overrightarrow{AC}\right\rangle=\frac{\overrightarrow{AB}\cdot\overrightarrow{AC}}{\left|\overrightarrow{AB}\right|\left|\overrightarrow{AC}\right|}=\frac{1}{2}$$

从而向量 $\overrightarrow{AB}$ 和 $\overrightarrow{AC}$ 之间的夹角为 $\dfrac{\pi}{3}$。

接下来自然而然就要想想，我们怎么利用向量来解决与平面有关的问题？

如何用向量表示一个平面？这个问题当然要从如何确定一个平面谈起。

确定平面的方法通常有这几种：

(1) 有两条相交直线；

(2) 有不共线的三点；

(3) 有两条平行直线；

(4) 有一条直线和直线外一点。

还有一个比较"机灵"的方法是，我们有时会看到一些图直接用三角形来表示一个平面。以上方法归根结底是等价的，现在的问题是，哪个方法借助向量最容易表示平面呢？

对于向量来说，最容易处理的情形是知道向量的起点和终点坐标，只要这两个要素确定了，我们就能很容易地把向量写出来——就算是给出直线条件，我们也需要找出直线上的两点，然后写出代表向量，因此，不共线的三点看起来是最容易处理的情形。

假定给出不共线的三点 A、B、C，那我们能分别计算出 $\overrightarrow{AB}$ 和 $\overrightarrow{AC}$ 的坐标表示。然而，平面 ABC 又该如何表示呢？

真让人一筹莫展，我们连行动目标都没有。什么叫"表示平面"？是把平面上每一点的坐标都表示出来，还是把平面上任意一个向量都表示出来？

这时候，我们应该借助什么数学思想？化归啊。表示一个平面和我们已经很熟悉的哪个问题类似？

是"如何表示一条直线?"这个问题!直线有直线方程,那平面是不是有平面方程呢?

还真有,但在高中阶段用不上。

我没有半点儿否定你的思路的意思,这条思路没有任何问题。如果化归思想真的运用到位了,那我们甚至可以猜出平面的解析式大致长成这样:

$$Ax + By + Cz = D$$

我们猜得合不合理?很合理。因为两点确定一条直线,所以确定直线用的是由两个二元一次方程组成的方程组——给出两个点,就能得到这两个二元一次方程。既然不共线的三点能确定一个平面,那么确定平面用的就是由三个三元一次方程组成的方程组,由三个点恰好能得到这样三个三元一次方程。完美!尽管在高中阶段用不上平面方程,但通过强大的化归思想,我们得到了这个结论——这是多么精彩的推导过程啊!

立体几何和向量法需要平面具有什么样的性质呢?这就要回到另一个本质问题上了:什么是平面?

本书开始时说过,平面是一个无限延伸的概念,其上没有任何地方是弯曲的,但我们很难给出一个精准的定义。如今有了这么多铺垫,我们不妨试着精准描述一下,平面究竟是什么。

三点不共线意味着由这三点形成的任意两个向量之间的夹角既不是 0,也不是 π。任意取其中两个向量并无限延伸,自然能得到两条相交直线。所谓"两条相交直线确定一个平面",意思是平面内其他的点都可以由这两条直线确定，那么究竟是怎么确定的呢？

在平面内任意找一个和这两个原始向量不平行的向量，我们总可以把它们平移到一个共同的起点上（图 7.11）。

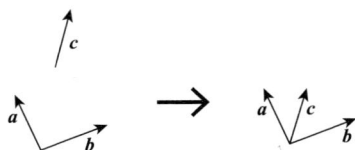

图 7.11

此时，过向量 **c** 的终点分别作与向量 **a**、**b** 平行的线段（图 7.12）。

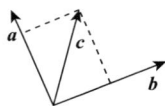

图 7.12

我们发现，向量 **c** 可以表示成 $k_1\boldsymbol{a} + k_2\boldsymbol{b}$ 的形式，其中 $k_i(i=1,\ 2)$ 是实数。

如果向量 **c** 平移后位于向量 **a**、**b** 所夹范围之外，又该怎么办呢？很简单，只要把向量 **a** 和 **b** 中的一个或两个翻转 180° 即可（图 7.13）。

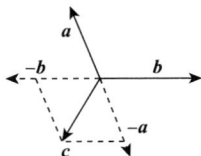

图 7.13

此时，向量 c 也可以表示成 $k_1a + k_2b$ 的形式，这个结论仍然成立。

换句话说，平面内任意一个向量都可以由这个平面内的任意两个不平行的向量生成，即给定两个不共线的空间向量 a 和 b，则由这两个向量生成的平面内的所有其他向量均可表示成 $k_1a + k_2b$ 的形式，其中 $k_i(i = 1, 2)$ 是实数。

这时候，我们再结合线面垂直的定义来看——如果你能自动联想到这个定义，那真是极好的。什么是线面垂直？一条直线和一个平面内的所有直线都垂直，则这条直线垂直于该平面。而线面垂直的判别定理是：一条直线和一个平面内的两条相交直线垂直，则这条直线垂直于该平面。

你看出什么了没有？

线面垂直的定义和判定定理所描述的，不就是"可以用两条直线决定平面内所有直线"这个结论吗？换句话说，若平面内有两个不共线的向量 a 和 b，空间向量 c 和 a、b 分别垂直，则 c 和平面内全体向量均垂直。所谓空间向量 c 和 a、b 分别垂直，用向量的语言来说就是

$$c \cdot a = 0, \ c \cdot b = 0$$

而同一平面内的向量都可以表示成 $k_1a + k_2b$ 的形式，因此

$$c \cdot (k_1a + k_2b) = k_1c \cdot a + k_2c \cdot b = 0$$

即空间向量 c 和平面内任一向量都垂直。

在空间中，任一和向量 c 平行的直线和这个由向量 a、b 生成的平面的

位置关系又是什么样的呢？显然也是垂直的。只不过，这些平行直线在平面上的垂足各不相同。如果我们把所有垂直于该平面的直线都画出来，这些垂足是不是恰好覆盖整个平面？

现在，我们把这个问题倒过来看：在平面内任意取一点，然后过该点作平面的垂线（有且只有一条），那么，该平面的所有其他垂线是不是都与之平行？我们把始终垂直于平面的直线称为平面的"法线"。于是我们得到了关于平面的一个几何直观上的结论：平面内每一点处的法线都互相平行。

法线的代表向量称为法向量，通常用字母 n 表示。平面内任一点处的单位法向量都是大小相等且相互平行的。有了法向量这一概念，线面问题和面面问题基本就解决了——如果要求直线 l 和平面 α 的夹角，不就等价于求直线 l 和法线 n 之间夹角的余角吗（图 7.14）？如果要求二面角的平面角大小，不就是分别求出两个平面的法向量，然后求法向量之间的夹角或其补角吗（图 7.15）？

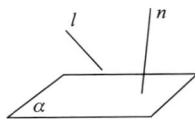

图 7.14

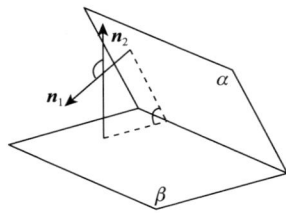

图 7.15

下一个问题是：如何通过给定生成平面的两个向量，来求出法向量？当然要利用法向量的定义。

给出两个向量的坐标表示 $a = (x_1, y_1, z_1)$ 和 $b = (x_2, y_2, z_2)$ ，求由 a 和 b 生成的平面的法向量 n。不妨设 n 为 (x, y, z) ，则由 $n \cdot a = 0$ 和 $n \cdot b = 0$ 可知

$$x_1 x + y_1 y + z_1 z = 0$$

$$x_2 x + y_2 y + z_2 z = 0$$

> 贼老师，三个未知数，却只有两个方程，貌似少了一个条件啊！

按照以往的经验，会不会是我们遗漏了什么？毕竟，世界上还有隐含条件这种东西存在。可是，我们真的少看了什么吗？你不妨再想想：一个平面有多少法向量？是不是有无数个？如果再来一个条件，那就变成三个方程对应三个未知数了，而此时解必然是唯一的——这不就产生矛盾了？

所以，条件并没有少，我们已经把所有能用的条件都用上了，这时候就是要解一个不定方程。我们可以把含有 z 的项移到方程右边，并把它当成常数，而只把 x 和 y 当成未知数，这样一来，解出的向量的每个分量都带有 z 。

比如，求由向量 $(1, 1, 2)$ 和 $(1, 2, 1)$ 生成的平面的法向量。我们设 n 为 (x, y, z) ，则

$$x + y + 2z = 0$$

$$x + 2y + z = 0$$

解得 $x = -3z$, $y = z$, 于是 $\boldsymbol{n}$ 可以写作 $(-3z, z, z)$ 。

注意, 由于所有法向量都是相互平行的, 而且所有平行向量都成比例, 因此, 我们可以随意取一个 z 值, 由此得到的向量都是平面的法向量。那不妨取 $z = 1$, 则 $\boldsymbol{n}$ 为 $(-3, 1, 1)$ 。

我之前还看过这样一种方法: 设平面的法向量为 $(x, y, 1)$, 这样解出来的法向量直接就是全数字的结果, 不带任何未知数, 看起来会舒服得多。那么, 请你试着用这种方法计算一下由向量 $(0, 1, 2)$ 和 $(0, 2, 1)$ 生成的平面的法向量。

不好, 出问题了……你得到的两个方程分别为

$$y + 2 = 0$$

$$2y + 1 = 0$$

这显然是矛盾的。问题出在哪里?

不是所有法向量的第三个分量都是非零的。事实上, 如果我们设 $\boldsymbol{n}$ 为 (x, y, z) , 那么可以解得法向量为 $(x, 0, 0)$ 。所以, 相比于把法向量设成 $(x, y, 1)$, 把它设成 (x, y, z) 更安全。

看你跃跃欲试啊……

贼老师，我有一个更好的办法！

洗耳恭听。

如果画出这两个向量在坐标系中的位置，那它们都位于 yOz 坐标平面内。

所以呢？

这两个向量所生成的平面的法向量不正好是 x 轴吗？

方法非常漂亮！现在你明白为什么在之前的立方体中，我反复强调要你们练眼力去找那些和平面垂直的直线了吧？如果可以直接观察出法向量，那还解方程做什么？直接写出来就完事了，这才是最快最安全的做法。

再比如，求由向量 $(0, -1, 1)$ 和 $(-1, 0, 1)$ 生成的平面的法向量。我们当然可以按照上述流程计算出法向量为 $(1, 1, 1)$，但如果你注意到，这其实是立方体的两条面对角线所构成的平面，那可以直接写出法向量为 $(1, 1, 1)$（图 7.16）。

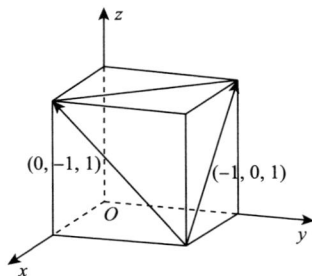

图 7.16

所有的基础训练都不会白费，"眼力"更不会白练。

一般来说，高中阶段立体几何领域中向量的相关基础知识就到此为止了，然而，我还打算介绍一点儿超纲却实用的内容。

不知道你会不会好奇：既然我们定义了内积，那么有没有外积呢？数学是很讲究对称的，既然有"内"，那必然有"外"。向量的外积是如何定义的呢？

两个向量 a 和 b 的外积仍然是一个向量，记作 $a \times b$，通常也把外积称为叉乘或向量积。与内积不同的是，外积的计算方式比较复杂。为了把计算方式讲清楚，我要先介绍二阶行列式的概念。

二阶行列式是指形如 $\begin{vmatrix} a & b \\ c & d \end{vmatrix}$ 的式子，其中 a、b、c、d 为实数，其计算结果为 $ad - bc$。有了这个工具，我们就可以把向量外积的结果写出来了。

设两个向量为 $a = (x_1, y_1, z_1)$ 和 $b = (x_2, y_2, z_2)$，则

$$a \times b = \left(\begin{vmatrix} y_1 & z_1 \\ y_2 & z_2 \end{vmatrix}, \begin{vmatrix} z_1 & x_1 \\ z_2 & x_2 \end{vmatrix}, \begin{vmatrix} x_1 & y_1 \\ x_2 & y_2 \end{vmatrix} \right)$$

式子看着复杂，其实计算非常简单，因为这里仅涉及乘法和减法的运算。

如果计算 $(0, -1, 1) \times (-1, 0, 1)$ ，可得结果为 $(-1, -1, -1)$ 。慢着……这不就是由向量 $(0, -1, 1)$ 和 $(-1, 0, 1)$ 生成的平面的法向量吗？

人生中哪有那么多巧合？数学里就更没有什么巧合了。

把 $\left(\begin{vmatrix} y_1 & z_1 \\ y_2 & z_2 \end{vmatrix}, \begin{vmatrix} z_1 & x_1 \\ z_2 & x_2 \end{vmatrix}, \begin{vmatrix} x_1 & y_1 \\ x_2 & y_2 \end{vmatrix} \right)$ 写成普通的式子，即为

$$(y_1 z_2 - y_2 z_1, z_1 x_2 - z_2 x_1, x_1 y_2 - x_2 y_1)$$

把这个向量分别和 (x_1, y_1, z_1) 、 (x_2, y_2, z_2) 做内积，得到的结果是多少？都是 0。这意味着，两个不共线向量的外积就是它们所生成的平面的法向量。

与之前讲过的解方程法相比，外积法明显减少了步骤，而且，如果向量的分量中有无理数，那么用外积法会更方便。例如，求由向量 $(1, -\sqrt{2}, \sqrt{3})$ 和 $(\sqrt{2}, \sqrt{3}, 1)$ 生成的平面的法向量，我们直接求外积可得 $(-\sqrt{2}-3, \sqrt{6}-1, \sqrt{3}+2)$ 。解方程法就留给你自行完成，然后，你可以比较一下这两种方法。

此外，通过计算外积，我们可以直接验证 $\boldsymbol{a} \times \boldsymbol{b} = -(\boldsymbol{b} \times \boldsymbol{a})$ ，即外积是不可交换的，可以写成 $\boldsymbol{a} \times \boldsymbol{b} \neq \boldsymbol{b} \times \boldsymbol{a}$ 。这是内积和普通的数量乘积所不具有的性质，在大学数学的相关课程里，这是值得大书特书的内容。但从高中阶段学习和应试的角度来看，外积的不可交换性对于求解平面的法向量没有影响——把平面的一个法向量翻转 $180°$ 后，得到的仍是该平面的法向量。

于是，这里有一个很自然的问题：如何通过图中两个向量的方向，迅速

判断出它们外积的方向呢?

可是，为什么要判断外积的方向呢?

事实上，由于线面角的大小不超过 90°，因此在利用外积得到平面的法向量后，法向量和直线的方向向量的夹角的余弦值的绝对值，恰好是线面角的正弦值。

但二面角的取值范围扩大到了钝角。因此，两个平面的法向量的夹角可能等于二面角的平面角，也可能等于其补角。之前，我们给出了法向量的夹角和二面角的平面角互补的图示，参见图 7.15，但没有给出两者相等的情形。现在给你一点儿时间，请尝试画出法向量的夹角和二面角的平面角相等的情形。

这很容易，我们只要改变其中一个法向量的方向即可，如图 7.17。

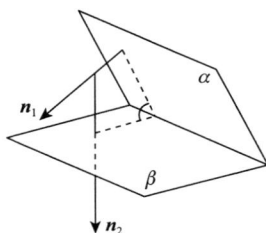

图 7.17

由于法向量是通过平面内两个不共线的向量的外积生成的，因此，我们该如何通过这两个向量的方向判断生成的法向量的方向? 毕竟有两个可能的指向。

事实上，向量 a、b、$a×b$ 的方向满足右手系：右手握拳后竖起大拇指（图 7.18a），四指的指向代表从 a 指向 b，拇指的指向即为 $a×b$ 的方向（图 7.18b），反过来就是 $b×a$ 的方向（图 7.18c）。

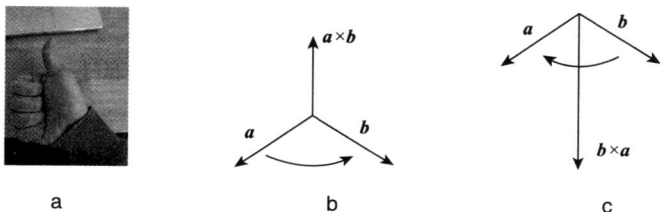

图 7.18

有了右手系这个工具，我们可以很轻松地判别法向量的方向，进而得到法向量的夹角和二面角的平面角之间的确切关系，并根据结果，确定法向量夹角的余弦值和二面角的平面角的余弦值之间是相等的，还是相差一个负号。

事实上，对于高中阶段的所有立体几何题目而言，在理论上，向量法几乎可以"包办"一切。具体步骤为：首先，选取合适的坐标原点，建立空间直角坐标系；其次，算啊算。

完毕。

08

向量法解题实战

我们小试牛刀，看看怎么用向量法来解决立体几何问题。

例 1 如图 8.1，在四面体 $D-ABC$ 中，棱 AB、BC、BD 两两垂直，$AB=BC=2$，点 E 是 AC 的中点，异面直线 AD 和 BE 所成角为 θ，$\cos\theta = \dfrac{1}{\sqrt{10}}$，求四面体 $D-ABC$ 的体积。

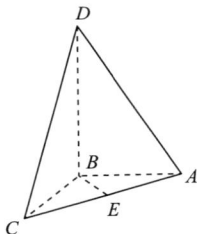

图 8.1

用向量法解题，首先肯定要确定坐标原点。很显然，点 B 最合适，设 BC 为 x 轴，BA 为 y 轴，BD 为 z 轴。接下来，把所有能表示出坐标的点全写出来：$A(0, 2, 0)$，$C(2, 0, 0)$；由于点 E 是 AC 的中点，利用中点坐标公式可知 $E(1, 1, 0)$。只有点 D 的坐标是未知的，我们不妨设其坐标为 $(0, 0, z)$。

下一步，求出向量 $\overrightarrow{AD}$ 和 $\overrightarrow{BE}$ 的表达式分别为 $(0, -2, z)$ 和 $(1, 1, 0)$，于是

$$|\cos\theta| = \left| \frac{2}{\sqrt{z^2+4} \cdot \sqrt{2}} \right| = \frac{1}{\sqrt{10}}$$

解得 $z = \pm 4$。于是，四面体 $D-ABC$ 的体积为 $\dfrac{8}{3}$。

你可以用纯几何的方法再试试。只不过，异面直线 AD 和 BE 所成角 θ 不太好找。我们需要在 $\triangle DBE$ 中找到 BE 对应的中位线，然后在 $\triangle DBA$ 中找到 AD 对应的中位线。其他细节，请你自行补充。

你看，你是喜欢硬算，还是喜欢在硬算之外还得添加复杂的辅助线呢？没有对比就没有伤害。

例2 如图 8.2，在棱长为 2 的立方体中，点 E、F、M、N 分别是棱 AB、AD、A_1B_1、A_1D_1 的中点，点 P、Q 分别在棱 DD_1、BB_1 上移动，且 $DP=BQ=p\,(0<p<2)$。

(1) 当 $p=1$ 时，证明：直线 $BC_1 //$ 平面 $EFPQ$。

(2) 是否存在 p，使平面 $EFPQ$ 和平面 $PQMN$ 所成的二面角为直二面角？若存在，求出 p 的值，若不存在，说明理由。

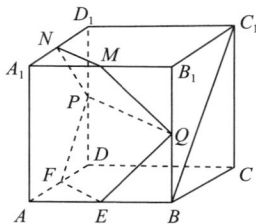

图 8.2

这是 2014 年普通高等学校招生全国统一考试（湖北卷）数学（理科）中的一道题。

如果一道题是以立方体为基础的，那不用向量法就说不过去了。坐标原点有，垂直关系有，数量关系也容易计算，总之，一切有利于采用向量法的条件都满足。

坐标原点当然选择点 D ，当 $p = 1$ 时，点 P、Q 分别是 DD_1、BB_1 的中点。我们只要计算出直线 BC_1 的代表向量以及平面 $EFPQ$ 的法向量，然后证明这两个向量垂直即可——这就是证明线面平行的"向量化"语言。如果要证明线面垂直，证明直线的代表向量和平面的法向量成比例即可。

注意到点 B 的坐标为 $(2, 2, 0)$ ，点 C_1 的坐标为 $(0, 2, 2)$ ，所以 $\overrightarrow{BC_1} = (-2, 0, 2)$ 。不难写出 $\overrightarrow{FP} = (-1, 0, 1)$ ， $\overrightarrow{FE} = (1, 1, 0)$ ，于是，平面 $EFPQ$ 的法向量为 $\boldsymbol{n} = (-1, 1, -1)$ ，显然 $\overrightarrow{BC_1} \cdot \boldsymbol{n} = 0$ ，于是直线 BC_1 // 平面 $EFPQ$ 。

答得对不对？当然对，不能更对了。但是，如果注意到 $\overrightarrow{BC_1} = (-2, 0, 2)$ ， $\overrightarrow{FP} = (-1, 0, 1)$ ，那么此时我们已经得到了 BC_1 // FP ，且 BC_1 不在平面 $EFPQ$ 内，所以如此就可以完成证明了，后面的计算实在是多此一举。不过，假如你当初用 $\overrightarrow{QE}$ 取代 $\overrightarrow{FP}$ 来计算法向量的话，那就只能一条路算到黑了。

用传统的纯几何法来看，连接 AD_1 ，存在 BC_1 // AD_1 // FP （图 8.3），因此同样可以证明命题。其实，这两种解法结合起来，才是合理的方法。向量法虽然很稳当，但解题速度是其短板，如果能与纯几何法相结合，继而达到简化计算的目的，何乐而不为呢？

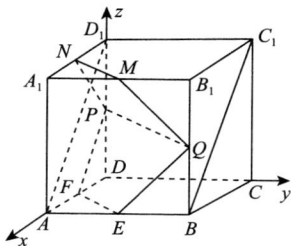

图 8.3

事实上，平面 $EFPQ$ 的法向量也可以通过直接观察得到。注意到 $AD_1 /\!/ FP$，$AB_1 /\!/ EQ$，则平面 $AD_1B_1 /\!/$ 平面 $EFPQ$，而平面 AD_1B_1 的法线正好是体对角线 A_1C，且有 $\overrightarrow{A_1C} = (-2,\ 2,\ -2)$，如此一来，根本用不上计算。

这种方法虽然没有提高做题效率，但是可以锻炼你的眼力。

这就是"做透一道题胜过做过十道题"的意义所在。你所训练的这些技能，虽然不知道哪天能派上用场，但很多时候捎带手也就练成了，不会花费太多工夫。但你会发现，经过一系列有心的训练后，自己逐渐习惯了这些方法，就会很自然地找到比较好的解题方案。起初，解题速度会比较慢，后面的速度会越来越快。

那么，我们在平时应该练什么？应该练怎样才能又快又准地解决问题，而不是单纯地把题目做对。相比于解析几何和函数部分的题目，立体几何的解答题堪称送分题，但解答送分题也要讲究方法。你在立体几何问题上能以多快的速度拿满分，对解答其他题目的影响很大——五分钟拿到满分和十五分钟拿到满分相比，这中间差出来的十分钟，你能多干多少事？

当然，你如果实在无法接受纯几何法或向量法，那就一条路走到黑，总之，千万不要光听别人的建议，一定要结合自己的能力和特点。从我个人角度来看，立体几何问题的证明部分用纯几何法解决，计算部分用向量法解决，这样做的性价比是最高的——记住，我的建议仅供你参考。

我们再看第二问。

用向量法的思路很清晰：分别计算出两个平面带参数的法向量，然后利用这两个法向量的内积为零得到方程，求解方程即可，然后就都是计算了。

点 P 的坐标为 $(0, 0, p)$，$\overrightarrow{FP} = (-1, 0, p)$，于是平面 $EFPQ$ 的法向量为 $\boldsymbol{n}_1 = (-p, p, -1)$；点 N 的坐标为 $(1, 0, 2)$，点 M 的坐标为 $(2, 1, 2)$，则 $\overrightarrow{NP} = (-1, 0, p-2)$，$\overrightarrow{NM} = (1, 1, 0)$，于是平面 $PQMN$ 的法向量为 $\boldsymbol{n}_2 = (p-2, 2-p, 1)$。计算两个平面的法向量的内积，得到 $2p^2 - 4p + 1 = 0$，则 $p = 1 \pm \dfrac{\sqrt{2}}{2}$。

如果你采用纯几何法，那首先要找到二面角对应的平面角。事实上，我们分别取 MN、PQ、EF 的中点 G、O、H，可以证明 $\angle GOH$ 就是二面角的平面角，然后分别计算出 GO、OH、HG 的长度，再利用勾股定理即可（图 8.4）。

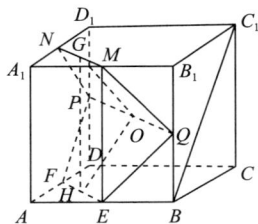

图 8.4

看吧，采用纯几何法，你也没逃开计算，并且还要加上一大堆文字说明，而采用向量法几乎可以不写汉字。两种方法在解题效率上的差距一目了然。

这里采用向量法还有一个巨大的好处——不用判断生成的法向量的方向。因为法向量互相垂直，这意味着其夹角的余弦值为零，所以我们还避开了对符号的讨论。但这只是运气啊，可不是此类问题的常态。

例3 如图 8.5，在四棱锥 $P\text{-}ABCD$ 中，$PA\perp$ 平面 $ABCD$，底面 $ABCD$ 是等腰梯形，$AD/\!/BC$，$AC\perp DB$。

(1) 求证：$BD\perp PC$。

(2) 若 $AD=4$，$BC=2$，PD 和平面 PAC 所成的角为 $30°$，求四棱锥 $P\text{-}ABCD$ 的体积。

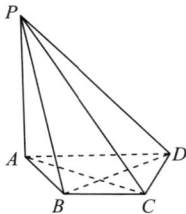

图 8.5

用纯几何法很容易看出第一问的证法。因为 $AC\perp BD$，$PA\perp BD$，所以 $BD\perp PC$。只不过为了训练使用向量法，我们用向量法来解题。

先看看如何把几何条件翻译成"向量化"的语言。

坐标原点选在哪里？与上面的两道题不同，本题缺少了在一点处两两垂直的三条线段，也就是说，本题不具备天然的直角坐标系结构，但这并不代表我们可以任意选取坐标原点。

点 A 是大多数人的首选，因为这种视觉效果最符合我们的看图习惯，并且，由于 $PA \perp$ 平面 $ABCD$，因此 PA 是天然的 z 轴。

如果找不到三条两两垂直的直线的公共交点，那就先找线面垂直的关系，这样可以出现一条坐标轴和一个坐标平面；如果找不到线面垂直的关系，那就试着找一个直角的垂足，这样可以提供两条坐标轴；如果啥都没有……那就具体情况具体分析吧，比如，等腰三角形底边的中点，也可以作为坐标原点。

显然，在选定了点 A 为坐标原点后，z 轴和 y 轴也就确定了，只要在平面 $ABCD$ 内作 AD 的垂线即得到 x 轴（图 8.6）。

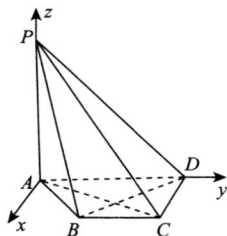

图 8.6

但此时并没有出现数量关系啊，这可怎么办？

当然是要设参数。设点 P 的坐标为 $(0, 0, p)$，点 D 的坐标为 $(0, d, 0)$——需要设多个参数的时候，尽量使用和点对应的小写字母，这样一目了然，省得设到后面乱套了。

重点来了。

点 B 和点 C 的坐标该怎么设？如果你实在没什么好办法，就先设 $B(x, b, 0), C(x, c, 0)$ ，然后慢慢对照条件去填补空白。

第一问要证明的结论是 $BD \perp PC$ ，因为 $\overrightarrow{BD} = (-x, d-b, 0), \overrightarrow{PC} = (x, c, -p)$ ，所以目标是证明 $\overrightarrow{BD} \cdot \overrightarrow{PC} = -x^2 + c(d-b) = 0$ 。

看看我们还有哪些条件没用上……似乎还剩"底面 $ABCD$ 是等腰梯形"中的"等腰"二字，以及 $AC \perp DB$ 这两个条件没用过？

"等腰"二字最粗暴的翻译形式就是

$$\sqrt{x^2 + b^2} = \sqrt{x^2 + (d-c)^2}$$

即 $b^2 = (d-c)^2$ ，从图上的位置关系可以判断出 $b = d-c$ 。而 $AC \perp DB$ 可以表示为 $\overrightarrow{AC} \cdot \overrightarrow{BD} = 0$ ，即 $-x^2 + c(d-b) = 0$ 。很好，我们在还剩一个条件没用的情况下完成了证明。

不要慌，多余的条件完全可能用在第二问嘛！

这种方法当然是走了远路，但仍然有正面意义——对于没有具体数量关系但有很好位置关系的条件，我们知道了该如何利用参数进行解题。

我们画一个草图，如图 8.7，通过 $AD = 4$ 和 $BC = 2$ 可以得到点的坐标为 $D(0, 4, 0), B(x, b, 0), C(x, b+2, 0)$ 。再由 BD 和 AC 垂直且相等，计算得 $AB = CD = \sqrt{10}$ ，等腰梯形的高为 3 ，则点 B 的坐标为 $(3, 1, 0)$ ，点 C 的坐标为 $(3, 3, 0)$ 。

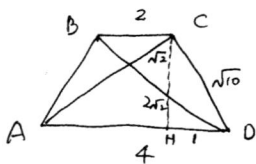

图 8.7

还剩下"PD 和平面 PAC 所成的角为 30°"这个条件没有用上了。注意到 $BD \perp$ 平面 PAC，即 $\overrightarrow{BD}$ 为平面 PAC 的法向量，于是 $\overrightarrow{PD}$ 和 $\overrightarrow{BD}$ 的夹角为 60°。我们通过夹角公式很容易计算出 $p=4$，从而得到四棱锥 $P-ABCD$ 的体积为 12。

例4 如图 8.8，平面 $ABEF$ 是正方形，$AF=2FD$，$\angle AFD=90°$，且二面角 $D-AF-E$ 与二面角 $C-BE-F$ 都是 60°。

(1) 求证平面 $ABEF \perp$ 平面 $EFDC$。

(2) 求二面角 $E-BC-A$ 的余弦值。

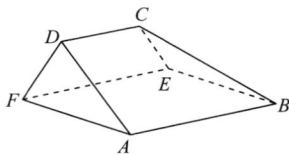

图 8.8

本题来自 2016 年普通高等学校招生全国统一考试（新课标全国 I 卷）理科数学卷。

第一问可以通过 $AF \perp EF$ 和 $AF \perp FD$，推出 $AF \perp$ 平面 $EFDC$，这就完成了证明。

在第二问中，点 F 显然为坐标原点最合适的选择，接下来就是要把已知条件表示成向量的形式。此时 FA 为 x 轴，FE 为 y 轴，FD 为 z 轴，建立直角坐标系……

很多人就这么设下去，然后……就没有然后了。高考题目中给出的立体几何图是很准确的，你看看，FD 和 FE 像是有垂直关系吗？只要仔细读一遍题，你就会发现压根儿没有一个条件能推出 $FD \perp FE$ 这个结论！所以设 FA 为 x 轴，FE 为 y 轴，没问题，但设 FD 为 z 轴是一个本质性的错误。

我们需要过点 F 作一条 z 轴（图 8.9）。

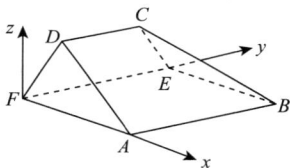

图 8.9

不妨设正方形边长为 2，则 $A(2, 0, 0)$, $B(2, 2, 0)$, $E(0, 2, 0)$。现在的关键就在于，写出点 C 和点 D 的坐标。此时条件"$AF = 2FD$，$\angle AFD = 90°$"并没有什么帮助，所以我们需要看看"二面角 $D-AF-E$ 与二面角 $C-BE-F$ 都是 $60°$"这个条件。

二面角 $D-AF-E$ 的平面角不就是 $\angle DFE$ 吗？即 $\angle DFE = 60°$，而 $AF = 2FD$，我们很容易写出点 D 的坐标：$\left(0, \dfrac{1}{2}, \dfrac{\sqrt{3}}{2}\right)$。

此时，贼老师二话不说，扭头就把正方形的边长修改为 4，然后将点 A、

B、E 的坐标分别改写为 $(4, 0, 0)$、$(4, 4, 0)$、$(0, 4, 0)$。我这样做是为了使坐标表示中尽量没有分数，此时点 D 的坐标为 $(0, 1, \sqrt{3})$。

同理，由二面角 $C-BE-F$ 是 $60°$ 可知 $\angle CEF=60°$，设点 C 的坐标为 $(0, c, \sqrt{3}(4-c))$，则 $\overrightarrow{BC}=(-4, c-4, \sqrt{3}(4-c))$，从而计算出平面 CEB 的法向量为

$$(-4, c-4, \sqrt{3}(4-c))\times(1, 0, 0)=(0, \sqrt{3}(4-c), 4-c)$$

它指向平面 CEB 的右侧。这里需要注意的是，此处可以用 $(1, 0, 0)$ 代替 $(4, 0, 0)$，是因为法向量只和所生成向量的方向有关，和其长度无关。同理，平面 ABC 的法向量为 $\left(\sqrt{3}(c-4), 0, -4\right)$，它指向平面 ACB 的下方。因此，这两个法向量之间的夹角等于二面角的平面角。

这时我们发现，用这两个法向量求出的二面角 $E-BC-A$ 的余弦值中必然有参数 c——用脚指头想想也知道，肯定有什么条件被遗漏了。

再回头逐字逐句地看题设中的条件——该用的似乎都用上了，并没有什么遗漏啊？如果真是这样，你不妨再看看图，没准能发现点儿什么。

根据图中所示，好像有 $CD \parallel AB$？然而，题设中并没有能直接推出这一结论的条件吧？

一定记住：越是大考，考题中的图越准，一定要利用一切可以利用的手段去解题。

　　既然看出来有平行关系，我们不妨试着去证明它。CD 是没有任何性质的，但很容易证明 AB 平行于平面 $CDFE$，而 CD 是平面 $ABCD$ 和平面 $CDFE$ 的交线，于是 $AB \parallel CD$。

　　你看，立体几何中的证明一般不困难，发掘隐含条件才是关键。事实上，如果直接从题设中的条件入手，那想到这一点确实比较难。然而，如果能充分利用图，隐含条件并不难找到，至于证明，那就更加容易了。

　　我们马上知道点 D 和点 C 在 z 轴上的坐标分量相等，即 $\sqrt{3}(4-c)=\sqrt{3}$，解得 $c=3$，于是两个法向量变成 $(0, \sqrt{3}, 1)$ 和 $(-\sqrt{3}, 0, -4)$，于是二面角 $E-BC-A$ 的余弦值为 $-\dfrac{2}{\sqrt{19}}$。

　　当然，这里需要注意一下细节：两个法向量的夹角和二面角的平面角之间的关系究竟是相等还是互补？如果是前者，那就直接写答案；如果是后者，还要补上一个负号。

例 5 如图 8.10，在长方形 $ABCD$ 中，$AB=2$，$BC=1$，将 $\triangle ABC$ 沿 AC 折起来，点 B 落到 B' 处。已知 $DB'=\dfrac{\sqrt{105}}{5}$，求二面角 $B'-AC-D$ 的大小。

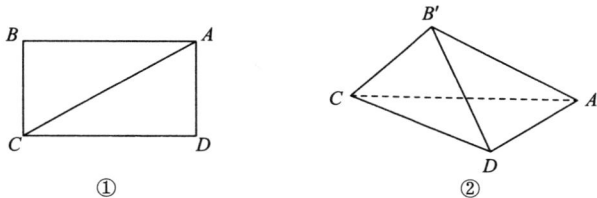

①　　　　　②

图 8.10

没错，这道题我们见过，就是第 04 章的例 8。但这次要换个方法解答。本题的难点在于如何选取坐标原点。对初学者来说，哪个点看起来都别扭。所以，这是个训练的好机会，越是别扭的题目，训练的价值越大。

我们不妨逐点来看。点 C 合适吗？仿佛不太好，为什么呢？点 B' 的坐标很难写，而点 A 和点 D 的坐标都是无理数——不舒服。

点 A 显然也不适合作为坐标原点，因为此时点 C 和点 D 的坐标都是无理数。

题目中放着好好的两条直角边，且边长为 1 和 2，你为什么不用呢？

所以，点 B' 和点 D 都是合适的坐标原点。但是从视觉上来看，D 比 B' 更舒服一些，所以我们在点 D 处建立坐标系，此时一定要分清 x 轴和 y 轴：DA 是 x 轴，DC 是 y 轴。此时 $A(1, 0, 0)$，$C(0, 2, 0)$。设 B' 的坐标为 (x, y, z)，则

$$\sqrt{x^2 + y^2 + z^2} = \frac{\sqrt{105}}{5}$$

$$\sqrt{(x-1)^2 + y^2 + z^2} = 2$$

$$\sqrt{x^2 + (y-2)^2 + z^2} = 1$$

解得 $x = \dfrac{3}{5}$，$y = \dfrac{9}{5}$，$z = \sqrt{\dfrac{3}{5}}$。

平面 ACD 的法向量显然为 $(0, 0, 1)$，$\overrightarrow{AB'} = \left(-\dfrac{2}{5}, \dfrac{9}{5}, \sqrt{\dfrac{3}{5}}\right)$，$\overrightarrow{CB'} = \left(\dfrac{3}{5}, \right.$

$-\dfrac{1}{5}$, $\sqrt{\dfrac{3}{5}}$），则平面 $B'AC$ 的法向量为 $\left(2\sqrt{\dfrac{3}{5}},\ \sqrt{\dfrac{3}{5}},\ -1\right)$，方向指向平面 $B'AC$ 的

外侧，因此，法向量的夹角等于二面角的平面角，计算得二面角 $B'-AC-D$

的大小为 $\dfrac{2}{3}\pi$。

当然，向量法也不是万能的。在没有具体的数量关系，且直角也很少的

情况下，向量法并不具备优势。

例6 如图 8.11，已知 $\triangle ABC$，D 是 AB 的中点，沿直线 CD 将 $\triangle ACD$ 折成
$\triangle A'CD$，所成二面角 $A'-CD-B$ 的平面角为 α，则（　　　）。

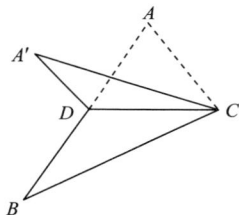

图 8.11

A．$\angle A'DB \leqslant \alpha$　　　　　　　B．$\angle A'DB \geqslant \alpha$

C．$\angle A'CB \leqslant \alpha$　　　　　　　D．$\angle A'CB \geqslant \alpha$

这道题我们也见过，是第 04 章的例 11。

我们不妨以点 D 为坐标原点，DC 为 y 轴，$\triangle DCB$ 所在的平面为 xOy 平

面。于是，可以设点 C 的坐标为 $(0, c, 0)$，点 B 的坐标为 $(a, b, 0)$，点 A' 的坐

标为 (x, y, z)。由于 D 是中点，因此 $A'D = DB$，即

$$\sqrt{x^2 + y^2 + z^2} = \sqrt{a^2 + b^2}$$

且 $\angle A'DC + \angle BDC = \pi$，于是 $\cos\angle A'DC + \cos\angle BDC = 0$，计算得

$$\frac{yc}{\sqrt{x^2 + y^2 + z^2}\sqrt{c^2}} + \frac{bc}{\sqrt{a^2 + b^2}\sqrt{c^2}} = 0$$

化简得 $y + b = 0$，代回 $\sqrt{x^2 + y^2 + z^2} = \sqrt{a^2 + b^2}$ 中可得 $x^2 + z^2 = a^2$。

此时，我们已经把所有条件都用坐标表示出来了，现在，分别计算需要比较大小的角的余弦值。我们算得

$$\cos\angle A'DB = \frac{\overrightarrow{DA'} \cdot \overrightarrow{DB}}{\left|\overrightarrow{DA'}\right|\left|\overrightarrow{DB}\right|} = \frac{ax + by}{\sqrt{x^2 + y^2 + z^2}\sqrt{a^2 + b^2}}$$

$$\cos\angle A'CB = \frac{\overrightarrow{CA'} \cdot \overrightarrow{CB}}{\left|\overrightarrow{CA'}\right|\left|\overrightarrow{CB}\right|} = \frac{ax + (b-c)(y-c)}{\sqrt{x^2 + (y-c)^2 + z^2}\sqrt{a^2 + (b-c)^2}}$$

而为了计算 α 的余弦值，需要分别计算平面 $A'DC$ 和平面 CDB 的法向量：

$$\overrightarrow{DA'} \times \overrightarrow{CA'} = (zc,\ 0,\ -xc)$$

平面 CDB 的法向量为 $(0,\ 0,\ 1)$，于是 $\cos\alpha = \dfrac{x}{\sqrt{x^2 + z^2}}$。

接下来就是比较 $\cos\angle A'DB$、$\cos\angle A'CB$ 和 $\cos\alpha$ 的大小了。

有兴趣的读者可以自行完成这部分计算，反正我是不愿意做下去了。虽然在理论上，向量法确实可以解决所有立体几何问题，但从应试的角度来看，脱离运算量和所需的时间谈解题效率，显然是不合适的。

事实上，向量法比较适合以下情形：(1) 有垂直关系；(2) 线段或角度有具体的值。

对于像本题这样没有给出明确数值条件的情形，特别是当关键点的所有坐标分量均未知时，使用向量法来处理问题会比较困难。当然，这种情形在立体几何的解答题中极为罕见，反而出现在选择填空中的概率更大。因此，你不要把向量法当作"万能药"——"万能"是不假，"药效"什么时候能上来，可不好说。

和这个例子形似（注意是形似）的还有 2016 年浙江省高考理科数学试卷第 14 题。我们曾经用纯几何结合函数的方法解过，现在再看看向量法怎么解。

例 7 如图 8.12，在 $\triangle ABC$ 中，$AB=BC=2$，$\angle ABC=120°$。若平面 ABC 外的点 P 和线段 AC 上的点 D，满足 $PD=DA$，$PB=BA$，则四面体 $P\text{-}BCD$ 的体积的最大值是（　　）。

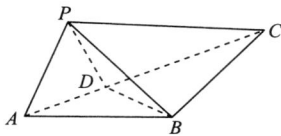

图 8.12

和上一题相比，在这道填空题中，虽然点 P 坐标的所有分量均未知，但好在题设条件中有一个等腰三角形，并且有这么多等量关系，因此可以考虑使用向量法。

适当多做一点习题，不是为了让你在中考和高考这种大型考试中碰到"面熟"的题目。要知道，出题人在出题前的第一项工作就是收集市面上的题目，确保不会"撞车"。

事实上，做习题的目的除了巩固知识点，更重要的是帮助大家积累"题感"。我在本书中给大家提了不少建议，但是"兵无常势，水无常形"啊。很多东西并不是你看了一些原则性的条条框框就能领会的，一定要自己动手试试才能理解。比如，我不建议当关键点的分量均未知时采用向量法，但本题中的数量关系如此丰富，而且等腰三角形的底边中点简直就是天然的坐标原点，所以，此时考虑用向量法也是合理的。

首先取 AC 的中点 E 为坐标原点建立直角坐标系（图 8.13），根据条件写出各点的坐标，由于 $AB = BC = 2$ ，$\angle ABC = 120°$ ，则 $A(0, -\sqrt{3}, 0)$ ，$B(1, 0, 0)$ ，$C(0, \sqrt{3}, 0)$ ，设点 D 的坐标为 $(0, t, 0)$ ，点 P 的坐标为 (x, y, z) 。

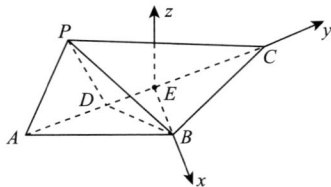

图 8.13

然后把 $PD = DA$ 和 $PB = BA$ 利用起来，得到

$$\sqrt{x^2 + (y-t)^2 + z^2} = t + \sqrt{3}$$

$$\sqrt{(x-1)^2 + y^2 + z^2} = 2$$

条件似乎都用完了?

我们发现，一共有两个等式，却有四个未知数，而四面体 $P-BCD$ 的体积等于

$$V = \frac{1}{3} S_{\triangle BCD} z = \frac{1}{3} \cdot \frac{1}{2} (\sqrt{3} - t) \cdot 2 \cdot \sin \frac{\pi}{6} \cdot z$$

此时，体积包含了两个变量，这肯定超出了我们的处理能力，因此，我们需要把 z 转化成关于 t 的函数（或把 t 转化成关于 z 的函数）。

然而，等式不够用，不能把三个字母都用剩下的那个字母表示出来，必须再来一个等式（再来两个等式就是四个方程、四个未知数了，此时方程有唯一解，不可能表示成函数）。

根据之前纯几何法的分析，我们知道当四面体 $P-BCD$ 的体积取得最大值时，平面 $PBD \perp$ 平面 ABC，这个条件是不是还没有用上？但这个条件怎么用向量表示出来呢？

注意，平面 ABC 的法向量显然为 $(0, 0, 1)$，我们不妨计算平面 PBD 的法向量 $\boldsymbol{n}$: $\overrightarrow{DP} = (x, y-t, z), \overrightarrow{BP} = (x-1, y, z)$，于是

$$\boldsymbol{n} = \overrightarrow{DP} \times \overrightarrow{BP} = (-tz, \ -z, \ xt + y - t)$$

它指向平面 PBD 的左侧。联立之前两个等式，解得

$$x = \frac{t^2 + \sqrt{3}t}{1+t^2}$$

$$y = \frac{-\sqrt{3}t^2 + t}{1+t^2}$$

$$z = \frac{t+\sqrt{3}}{\sqrt{1+t^2}}$$

我们将 z 代入

$$V = \frac{1}{3} \cdot \frac{1}{2}(\sqrt{3}-t) \cdot 2 \cdot \sin\frac{\pi}{6} \cdot z$$

得到 $V = \frac{1}{6} \cdot \frac{3-t^2}{\sqrt{1+t^2}}$，显然当 $t=0$ 时，V 有最大值 $\frac{1}{2}$。

这里略去了计算的细节，因为计算过程比较烦琐，请读者自行补充。在解答本题的过程中，相比于纯几何法，向量法的计算量略大一些，但在关键一步取最大值时，平面 $PBD \perp$ 平面 ABC 这一点仍需要纯几何的思想才能得到。因此，学了向量法，并不代表纯几何法就没用了，恰恰相反，如果能有机地把二者结合起来，那么无论是解题速度还是正确率的稳定性都将得到极大保障。

向量法能得心应手，前提是你能熟练地将几何语言翻译成向量语言，而且，你的计算功底要很扎实——当然，纯几何法也需要较好的计算能力，这是解决立体几何和平面几何问题最大的不同之处——并能够在最合适的地方建立坐标系。如果以上各点你都能做到，还能通过纯几何法直接观察出法向

量，那就是锦上添花，可以大幅降低计算量。因此，"眼力"永远是加速解决几何问题的关键要素。

接下来，我们将试着综合运用各种手段解析历年高考的一些真题。

对于在高考数学中想考到 120 分以上的学生来说，立体几何部分问题至多允许被扣一分，而且，你的解答速度必须要快，以便为后面的"硬骨头"争取足够的时间。

09
真题 10 道

如果你想在高考中数学考到 120 分以上，立体几何部分问题几乎就不能失分，至多在最后求二面角或线面角的大小时，由于余弦值的结果差了一个负号而被扣一分。为了帮助你达到这个效果，我节选、改编了一些历年的高考真题，一是为了帮你养成做题的好习惯，二是教你如何去研究、摸索高考真题的奥秘。

真题的实战意义超过一切其他模拟题，但我在这里也仅列举 10 道题。"刷"再多题，也不如真正吃透一些经典例题。

吃透真题，高考无忧——这话是我说的。

例1 如图 9.1，在矩形 $ABCD$ 中，点 E、F 分别在线段 AB、AD 上，$AE=EB=AF=\dfrac{2}{3}FD=4$，沿直线 EF 将 $\triangle AEF$ 翻折成 $\triangle A'EF$，使平面 $A'EF\perp$ 平面 BEF。

(1) 求二面角 A'-FD-C 的余弦值。

(2) 点 M、N 分别在线段 FD、BC 上，若沿直线 MN 将四边形 $MNCD$ 向上翻折，使点 C 与 A' 重合，求线段 FM 的长。

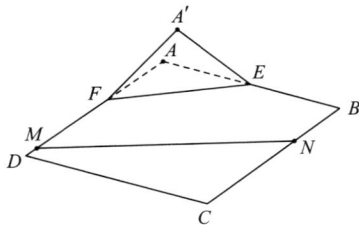

图 9.1

本题改编自 2010 年普通高等学校招生全国统一考试（浙江卷）数学（理科）中的考题。这题出得颇有点儿"要赖皮"——哪有上来就要求计算，而不先铺垫证明过程的呢？但是，高考考场不是讲道理的地方，如果碰到出乎意料的题目，不要抱怨——如果抱怨有用你就尽管抱怨，但问题是，这除了带给你负面情绪以外，真的没半点儿用处。

首先，我们自然要考虑坐标原点怎么取。选 EF 的中点 P 作为坐标原点是一个好选择吗？这样 z 轴的选取是很自然的：由于平面 $A'EF \perp$ 平面 BEF，而 $A'P \perp EF$，所以 $A'P \perp$ 平面 BEF，因此 $A'P$ 就是 z 轴。y 轴的选取也是很自然的，显然就是 PE；而 x 轴的选取也不难，过点 P 作 PE 的垂线即可（图 9.2）。

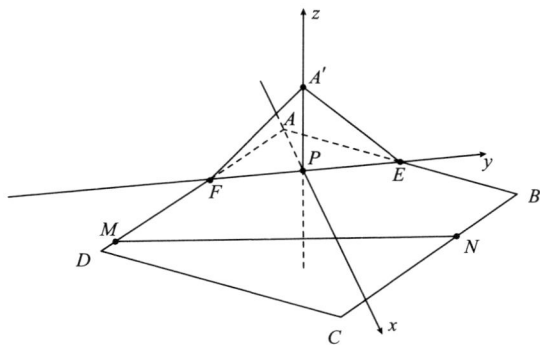

图 9.2

关键是其他点的坐标怎么表示呢？我们需要加辅助线——过点 D 向 EF 作垂线，垂直于点 Q，然后，借助等腰直角三角形这一条件计算可得点 F 的坐标为 $(0, -2\sqrt{2}, 0)$，点 D 的坐标为 $(3\sqrt{2}, -5\sqrt{2}, 0)$，于是 $\overrightarrow{FD} = (3\sqrt{2}, -3\sqrt{2}, 0)$，$\overrightarrow{A'F} = (0, -2\sqrt{2}, -2\sqrt{2})$，因此，平面 $A'FD$ 的法向量为 $(1, 1, -1)$，

它指向平面 $A'FD$ 的右侧。

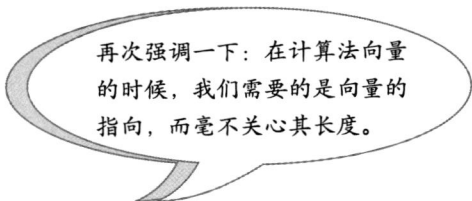

等等，贼老师是不是算错了？

再次强调一下：在计算法向量的时候，我们需要的是向量的指向，而毫不关心其长度。

因此，我们可以把 $\overrightarrow{FD}$ 坐标中的 $3\sqrt{2}$ 提取出来——其实，其中有用的部分只有 $(1, -1, 0)$。同理，$\overrightarrow{A'F}$ 等效于 $(0, -1, -1)$。这样看起来是不是舒服多了？在后面的分析中，我们将再次使用这个技巧，就不再重复说明了。

平面 FCD 的法向量显然为 $(0, 0, 1)$，因此，两个法向量之间的夹角和二面角的平面角互补。于是，我们得到两个法向量夹角的余弦值为 $-\dfrac{\sqrt{3}}{3}$，即二面角的平面角的余弦值为 $\dfrac{\sqrt{3}}{3}$。

注意看图！显然，二面角 $A'-FD-C$ 的平面角应该是锐角。所以说，只要图足够准确，我们就很容易判定二面角的平面角是锐角还是钝角，不用考虑生成的法向量的指向，直接根据图示进行判别。

有没有更合适的坐标选择呢？

如果你能注意到可以设过点 A 作平面 $ABCD$ 的垂线为 z 轴，而直线 AD 和 AB 分别为 x 轴和 y 轴，那么 D 和 F 两点的坐标就很容易写出来了，并且其中的分量都是整数。这时，你只需计算 A' 的坐标即可——A' 的坐标中仅在 z

轴上的分量为无理数，这样可能更符合我们的视觉习惯和计算习惯。细节留给你自行补充。

第二问显得更过分，你是不是没见过这种出题方式？当年，这道题确实把不少考生考"傻"了，因为大家从来没练过这类问题，所以连怎么下笔都不知道。

记住，思路都是试出来的。不能总梦想有现成的道路可以走。

既然要求线段 FM 的长，我们不妨设 $FM = x$，然后让点 C 和点 A' 重合——重合是什么意思？

重合就意味着存在全等，即 $\triangle A'MN$ 和 $\triangle CMN$ 全等。既然如此，那一定要利用 $A'M = CM$ 这个关系。这时你会发现，选择点 P 为坐标原点是多么地不合适，不仅点 M 的坐标难算，点 C 的坐标也很麻烦。现在，你应该深刻认识到选择一个好的坐标原点对于解题的重要性了吧？

经过计算，点 M 的坐标为 $\left(\dfrac{x}{\sqrt{2}}, \ -2\sqrt{2} - \dfrac{x}{\sqrt{2}}, \ 0 \right)$。过点 C 作 $CH \perp EF$，垂足为 H，设 $FH = y$，则 $FC^2 - FH^2 = EC^2 - EH^2$，解得 $y = \sqrt{2}$, $HC = 7\sqrt{2}$，所以点 C 的坐标为 $(7\sqrt{2}, \ -\sqrt{2}, \ 0)$。从而

$$CM = \sqrt{\left(7\sqrt{2} - \dfrac{x}{\sqrt{2}} \right)^2 + \left(\sqrt{2} + \dfrac{x}{\sqrt{2}} \right)^2} = A'M = \sqrt{\left(\dfrac{x}{\sqrt{2}} \right)^2 + \left(2\sqrt{2} + \dfrac{x}{\sqrt{2}} \right)^2 + (2\sqrt{2})^2}$$

解得 $x = \dfrac{21}{4}$。

如果选点 A 为坐标原点，计算量会大大减少。细节留给你自行补充。相信这道题会让你对坐标原点选择的"合理性"和"正确性"有更深刻的认识。

例2 如图 9.3，在三棱锥 $P\text{-}ABC$ 中，$AB=AC$，点 D 为 BC 的中点，$PO\perp$ 平面 ABC，垂足 O 落在线段 AD 上，已知 $BC=8$，$PO=4$，$AO=3$，$OD=2$。

(1) 证明：$AP\perp BC$。

(2) 在线段 AP 上是否存在点 M，使得二面角 $A\text{-}MC\text{-}B$ 为直二面角？若存在，求出 AM 的长；若不存在，请说明理由。

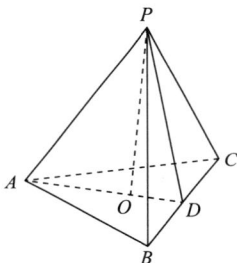

图 9.3

本题来自 2011 年普通高等学校招生全国统一考试（浙江卷）数学（理科）中的考题。

因为 $PO\perp$ 平面 ABC，所以有 $PO\perp BC$；因为 $AB=AC$，且点 D 为 BC 的中点，所以有 $AD\perp BC$。则 $BC\perp$ 平面 APD，可得 $BC\perp AP$，第一问证毕——整个过程很符合我们的日常训练思路。

从例 1 中，我们总结出关于坐标原点选择的两条附加原则：一，坐标分量容易计算的点要尽量多；二，坐标分量中尽量不带根号。根据这两条原则，从本题中的垂直关系来看，点 O 和点 D 都是比较合适的选择，只需分别添加一条辅助线即可完成坐标系的建立。

注意到图中这些相关线段的长度都是整数，所以，无论把原点放在点 O 还是点 D，都不会产生分数或无理数形式的坐标分量。既然如此，那就随便二选一即可。我们不妨选点 O 为坐标原点，然后过点 O 作垂线，使之构成一个完整的坐标系（图 9.4）。

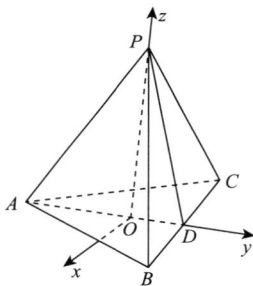

图 9.4

不难得到 $P(0, 0, 4)$，$A(0, -3, 0)$，$D(0, 2, 0)$，$B(4, 2, 0)$，$C(-4, 2, 0)$。

按照以往的经验，一旦遇到"存在性"问题，我们都先假设"存在"，这样可以多得到一个条件。假设在线段 AP 上存在点 M，使得二面角 A-MC-B 为直二面角，不妨设点 M 的坐标为 $(0, y, z)$。连接 MB 和 MC（图 9.5）。

这时候千万不要想着"数学一定要严谨"，坚持要啰里啰唆地说明点 M 在 x 轴方向上的分量为什么是 0。此时你不写原因不会扣分，然而写了，浪费时间还不会给你加分。这些地方原则上可以省些时间和力气。

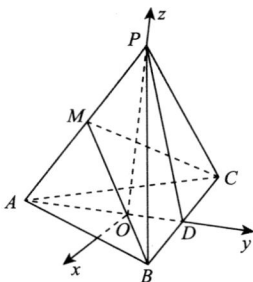

图 9.5

平面 AMC 的法向量即为平面 APC 的法向量，计算得平面 AMC 的法向量为 $(5, 4, -3)$，平面 MCB 的法向量为

$$(4, y-2, z) \times (1, 0, 0) = (0, z, z-y) \text{（为什么 } \overrightarrow{BC} \text{ 可以用 } (1, 0, 0) \text{ 表示？}）。$$

而 $(5, 4, -3) \cdot (0, z, z-y) = 0$，结合 $\dfrac{y+3}{3} = \dfrac{z}{4}$ 可得 $z = \dfrac{12}{5}$，根据相似三角形性质可知 $AM = 3$。可见，确实存在这样的点 M，使得二面角 $A-MC-B$ 为直二面角。

当然，如果注意到过点 B 作 $BM \perp AP$ 于 M，则 $AP \perp$ 平面 MBC，从而平面 $AMC \perp$ 平面 MBC，所以点 M 的存在性没问题，剩下的就是计算了。AP、BP、AB 的长度是很容易计算的，从而可以得到 $\triangle APB$ 的面积，进而得到 MB 的长度，再由勾股定理计算出 AM 的长度即可。依然是大量的计算，并没有简化多少。当然，本题中的辅助线添加还是比较容易看出来的，因此坐标法在第二问中的优势并不明显。

例3 如图 9.6，在四棱锥 $P\text{-}ABCD$ 中，底面是边长为 $2\sqrt{3}$ 的菱形，$\angle BAD = 120°$，且 $PA \perp$ 平面 $ABCD$，$PA = 2\sqrt{6}$，点 M、N 分别为 PB、PD 的中点。

(1) 证明：$MN /\!/$ 平面 $ABCD$。

(2) 过点 A 作 $AQ \perp PC$，垂足为点 Q，求二面角 $A\text{-}MN\text{-}Q$ 的平面角的余弦值。

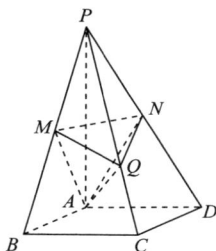

图 9.6

解决第一问，只要连接 BD 即可。无论从中位线这个条件的角度来看，还是遵照"取中、作平、连对角、延一倍"的辅助线添加原则，这都是第一思路。

解决第二问，当然是从找坐标原点开始，图 9.6 中最合适的选择显然是点 A。只不过，如果你能注意到底面 $ABCD$ 是菱形，那就能想到其对角线是相互垂直且平分的，因此，把菱形对角线的交点作为坐标原点，会更方便一些。这里我们就以 A 为坐标原点展开计算。

确定坐标原点后，应该看什么？当然要看有没有天然的法向量了。

你能不能直接看出平面 AMN 和平面 MNQ 的法向量是哪些直线？如果能

看出来，那么已经省了一半的计算量，这是个好习惯，务必要养成。我们稍作观察后发现没有已知线段和这两个平面垂直，于是转头就开始计算。

天然法向量的事不要刻意为之，更不要恋战。能直接看出来最好，千万不要为了找现成的和题目死磕，这是锦上添花的事，一定要分清主次。

我们过 A 作 AD 的垂线得到 x 轴，然后写出所有能直接表示出坐标的点的坐标：$B(3, -\sqrt{3}, 0)$，$D(0, 2\sqrt{3}, 0)$，$C(3, \sqrt{3}, 0)$，$P(0, 0, 2\sqrt{6})$，$M\left(\dfrac{3}{2}, -\dfrac{\sqrt{3}}{2}, \sqrt{6}\right)$，$N(0, \sqrt{3}, \sqrt{6})$。现在只差点 Q 的坐标了。我们先计算平面 AMN 的法向量 $\boldsymbol{n}_1$，不难得到 $\boldsymbol{n}_1 = (-3\sqrt{2}, -\sqrt{6}, \sqrt{3})$，它指向平面 AMN 的外侧。

接下来我们求点 Q 的坐标。

遇到这种情况，我强烈建议把 $\triangle APC$ 从整个图中单独抽出来，而不要在原图上进行标注，这样可以大大降低犯下低级错误的概率，我把这种方法称为"平面图法"（图 9.7）。注意，如果采用这种方法，在作图时不必计较边长和角度的精确值，尽量画出符合题意的草图即可。我下面的示例都是草图。

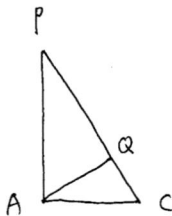

图 9.7

由于

$$\frac{z_Q}{z_P} = \frac{CQ}{CP}$$

而通过射影定理得到 CQ 的长度为 2，因此

$$z_Q = \frac{z_P}{3} = \frac{2\sqrt{6}}{3}$$

点 Q 在 x 轴和 y 轴上的分量怎么计算？首先找到点 Q 在 xOy 平面上的射影 Q'，显然 Q' 落在线段 AC 上（图 9.8）。

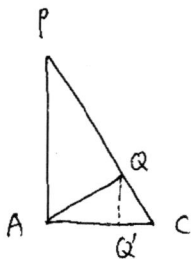

图 9.8

由于 $AQ' = \frac{4}{3}\sqrt{3}$，我们再作 AQ' 在 xOy 平面内的"平面图"（图 9.9）。

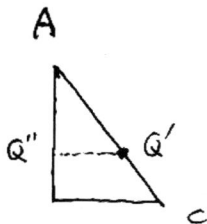

图 9.9

AQ'' 为 Q 在 x 轴上的分量，$Q'Q''$ 为 Q 在 y 轴上的分量，$\angle Q'AQ'' = \dfrac{\pi}{6}$，

则 $AQ'' = 2$，$Q'Q'' = \dfrac{2}{3}\sqrt{3}$，所以，点 Q 的坐标为 $\left(2, \dfrac{2}{3}\sqrt{3}, \dfrac{2\sqrt{6}}{3}\right)$。这时候，

我们要计算 $\overrightarrow{QM}$ 的表达式，注意点 M 的坐标为 $\left(\dfrac{3}{2}, -\dfrac{\sqrt{3}}{2}, \sqrt{6}\right)$，它和点 Q

在对应的位置上的分量都是同类项，这可以作为计算结果是否正确的一个

很粗略的判断标准——不然，$\overrightarrow{QM} = \left(\dfrac{1}{2}, \dfrac{2}{3}\sqrt{3} - \sqrt{6}, \dfrac{2\sqrt{6}}{3} + \dfrac{\sqrt{3}}{2}\right)$ 看着也不太正

确了。

计算得 $\overrightarrow{QM} = \left(\dfrac{1}{2}, \dfrac{7}{6}\sqrt{3}, -\dfrac{\sqrt{6}}{3}\right)$，则平面 MNQ 的法向量为 $\boldsymbol{n}_2 = (\sqrt{6}, \sqrt{2}, 5)$，

它指向平面 MNQ 的上侧。记二面角 $A-MN-Q$ 的平面角为 θ，则 $\cos\langle \boldsymbol{n}_1, \boldsymbol{n}_2\rangle =$

$-\dfrac{1}{\sqrt{33}}$，结合法向量的指向可以得到 $\cos\theta = \dfrac{1}{\sqrt{33}}$。

此时，我们回过头来看：如果当初把坐标原点建在底面对角线的交点

处，那么，几个关键点都落在坐标轴上，且点 Q 在 y 轴上的分量为 0，计算

量势必会下降不少啊……我们对坐标原点选择的“合理性”的领悟就是这样

一步一步加深的，在每次练习时，我们不妨都想一想“合理性”问题，一点

点改进。你不要想着光看例子和参考答案就能领悟，必须动手实践——不用

我敦促，你此时也应该把坐标系重新建一遍，然后亲自看看计算能简化成什

么样吧？

如果用纯几何的方法来处理这道题，那么关键就在于找平面角。

事实上，整个四棱锥是对称图形，$\triangle AMN$ 和 $\triangle MNQ$ 都是等腰三角形，且 MN 是公共底边。这样的二面角的平面角是最容易找的。我们只要取 MN 的中点 E，连接 AE、EQ，则 $AE \perp MN$，$EQ \perp MN$，所以 $\angle AEQ$ 就是二面角的平面角（图 9.10）。

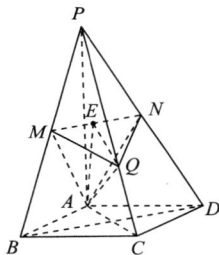

图 9.10

接下来计算 $\triangle AEQ$ 三边的边长。在菱形 $ABCD$ 中，$\angle BAD = 120°$，得 $AC = AB = BC = CD = DA$，$BD = \sqrt{3}AB$。而点 M、N 分别为 PB、PD 的中点，所以 $MQ = NQ$，且 $AM = \dfrac{1}{2}PB = \dfrac{1}{2}PD = AN$。

由 $AB = 2\sqrt{3}$，$PA = 2\sqrt{6}$ 可知，在 $\triangle AMN$ 中，$AM = AN = 3$，$MN = \dfrac{1}{2}BD = 3$，得 $AE = \dfrac{3\sqrt{3}}{2}$；在直角 $\triangle PAC$ 中，$AQ \perp PC$，得 $AQ = 2\sqrt{2}$，$QC = 2$，$PQ = 4$；于是在 $\triangle PBC$ 中

$$\cos \angle BPC = \frac{PB^2 + PC^2 - BC^2}{2PB \cdot PC} = \frac{5}{6}$$

得

$$MQ = \sqrt{PM^2 + PQ^2 - 2PM \cdot PQ \cos \angle BPC} = \sqrt{5}$$

在等腰 $\triangle MQN$ 中， $MQ = NQ = \sqrt{5}$, $MN = 3$ ，得 $QE = \dfrac{\sqrt{11}}{2}$ 。因此

$$\cos \angle AEQ = \frac{AE^2 + QE^2 - AQ^2}{2AE \cdot QE} = \frac{\sqrt{33}}{33}$$

过程也不算复杂。

例 4 如图 9.11，在四面体 $A-BCD$ 中，$AD\perp$ 平面 BCD，$BC\perp CD$，$AD=2$, $BD= 2\sqrt{2}$ 。M 是 AD 的中点，P 是 BM 的中点，点 Q 在线段 AC 上，且 $AQ=3QC$。

(1) 证明：$PQ//$ 平面 BCD。

(2) 若二面角 $C-BM-D$ 的大小为 $60°$，求 $\angle BDC$ 的大小。

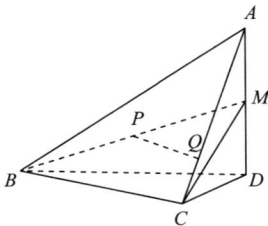

图 9.11

你从第一问看出来什么没有？出题人就是存心找别扭啊：点 P 和 Q 都不在同一个现成的三角形里，一开始就在我们的视觉感受上造成了打击。其

实，如果结合要证明的结论来看，在本质上，我们还是要在平面 BCD 内找一条和 PQ 平行的线段。

　　过点 P 作 $PH \perp BD$ 于 H（这是一条很容易想到的辅助线，因为会有中位线产生）；根据 PQ // 平面 BCD 的结论可以反推出，P、Q 两点到平面 BCD 的距离是相等的，所以再过点 Q 作 $QK \perp CD$ 于 K（这也是很自然的思路）。根据条件可知，$PH = \dfrac{1}{2}MD = \dfrac{1}{4}AD$，$QK = \dfrac{1}{4}AD$，则 $PH = QK$。不难证明 $PHKQ$ 是长方形，因此 PQ // HK，从而 PQ // 平面 BCD。

　　对于第二问，坐标原点显然应该选点 D。我们建立直角坐标系（图 9.12），然后写出所有关键点的坐标：$A(0,\ 0,\ 2)$，$B(2\sqrt{2},\ 0,\ 0)$，$M(0,\ 0,\ 1)$，$P\left(\sqrt{2},\ 0,\ \dfrac{1}{2}\right)$。

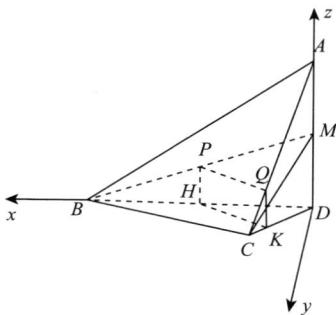

图 9.12

　　我们把这些已知的点的坐标表示出来之后，再像解应用题一样，"缺什么、设什么"。设点 C 的坐标为 $(x,\ y,\ 0)$，$\overrightarrow{BC} = (x - 2\sqrt{2},\ y,\ 0)$，$\overrightarrow{BM} =$

$(-2\sqrt{2},\ 0,\ 1)$ ，则

$$\boldsymbol{n} = \overrightarrow{BC} \times \overrightarrow{BM} = (y,\ 2\sqrt{2}-x,\ 2\sqrt{2}y)$$

它指向平面 BCM 的上侧。而平面 BMD 的法向量显然为 $(0,\ 1,\ 0)$ ，因此

$$\frac{2\sqrt{2}-x}{\sqrt{9y^2+(2\sqrt{2}-x)^2}} = \frac{1}{2}$$

两个未知数，却只有一个方程，这是怎么回事？赶紧回头再看看条件！

原来 $BC \perp CD$ 这个条件还没有用上。于是

$$(x-2\sqrt{2},\ y,\ 0)\cdot(x,\ y,\ 0) = 0$$

解得 $x = \dfrac{\sqrt{2}}{2}$ ，$y = \dfrac{\sqrt{6}}{2}$ ，则 $\angle BDC = 60°$ 。

如果采用纯几何法，那么我们的目标自然是找角。设 $\angle BDC = \theta$ ，此时线段 BC 和 CD 的长度就当作已知条件了——这应该是我们在列方程解应用题时练出来的基本功。$\triangle BCM$ 和 $\triangle BDM$ 都是确定的三角形，各边以及三角形内特殊线段的长度都可以通过计算得到。

根据二面角的平面角的定义，我们要在两个平面内分别向 BM 引垂线，当然，这时最容易计算的情形就是找到三角形的高。

从视觉角度来说，我比较喜欢过点 C 作 $CG \perp BM$ 于 G ，再作 $GN \perp BM$ ，交 BD 于点 N ，连接 CN ，则 $CN \perp BM$ ，$\angle CGN$ 为二面角的平面角（图

9.13）。这样看得比较舒服。当然你也可以过点 D 作 $DG \perp BM$ 于 G，再作 $GN \perp BM$，交 CM 于点 N，则 $\angle DGN$ 为二面角的平面角。只不过，我觉得这么看着不舒服罢了。

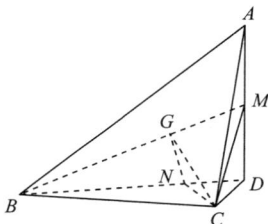

图 9.13

一定不要忽视自己在解答立体几何问题时的视觉感受，特别是在有多种添加辅助线的方法的情况下。加完辅助线后，确保图让自己看着很舒服，并单独画出某部分的"平面图"，这些都是降低出错风险的技巧。

在 Rt $\triangle BCD$ 中，我们有

$$CD = BD\cos\theta = 2\sqrt{2}\cos\theta$$

$$CN = CD\sin\theta = 2\sqrt{2}\cos\theta\sin\theta$$

$$BN = BC\sin\theta = 2\sqrt{2}\sin^2\theta$$

在 Rt $\triangle BDM$ 中，有

$$NG = \frac{BN \cdot MD}{BM} = \frac{2\sqrt{2}\sin^2\theta}{3}$$

在 Rt $\triangle CNG$ 中，有

$$\tan\angle CGN = \frac{CN}{NG} = \sqrt{3}$$

所以 $\tan\theta = \sqrt{3}$，从而得到 $\theta = 60°$，即 $\angle BDC = 60°$。

例 5 如图 9.14，在三棱柱 $ABC\text{-}A_1B_1C_1$ 中，$\angle BAC = 90°$，$AB = AC = 2$，$A_1A = 4$，A_1 在底面 ABC 的射影为 BC 的中点，D 是 B_1C_1 的中点。

(1) 证明：$A_1D \perp$ 平面 A_1BC。

(2) 求二面角 $A_1\text{-}BD\text{-}B_1$ 的平面角的余弦值。

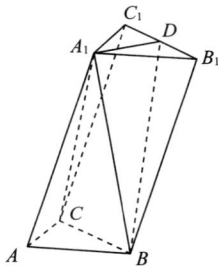

图 9.14

要证明第一问，就是要证明 A_1D 垂直于平面 A_1BC 内两条相交直线。如果你看到 "A_1 在底面 ABC 的射影为 BC 的中点" 这类条件，那一定要先用起来——这个条件实在是太强了。

"条件很强" 是一句数学 "行话"，指的是该条件能带来很多有用的结论。

设 BC 的中点为 P，则 $A_1P \perp$ 平面 ABC。很显然 $A_1P \perp AP$。根据三棱柱的性质，AP 和 A_1D 平行且相等，于是 $A_1P \perp A_1D$。而 $A_1D \perp B_1C_1$，即 $A_1D \perp BC$，所以 $A_1D \perp$ 平面 A_1BC。

再来看第二问。很显然，点 P 是最合适的坐标原点（图 9.15）。

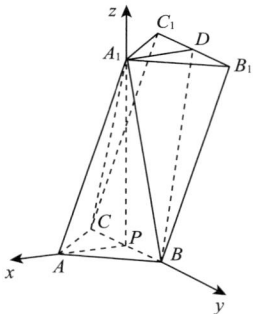

图 9.15

关键的点是 A_1、B、D、B_1，我们分别来看它们的坐标。最容易算得的自然是点 B 的坐标，为 $(0, \sqrt{2}, 0)$。然后，因为 $A_1A = 4, AP = \sqrt{2}$，所以 $A_1P = \sqrt{14}$，即点 A_1 的坐标为 $(0, 0, \sqrt{14})$。最后注意到 $A_1D = AP$，则点 D 的坐标为 $(-\sqrt{2}, 0, \sqrt{14})$，点 B_1 的坐标为 $(-\sqrt{2}, \sqrt{2}, \sqrt{14})$。

于是，平面 A_1BD 的法向量为 $(0, \sqrt{14}, \sqrt{2})$，它指向平面 A_1BD 的右侧；平面 B_1BD 的法向量为 $(\sqrt{14}, 0, \sqrt{2})$，它指向平面 B_1BD 的内侧，此时法向量的夹角的补角等于二面角的平面角 θ，计算得 $\cos\theta = -\dfrac{1}{8}$。

如果用纯几何法来做第二问，那么我们可以先把二面角 $A_1 - BD - B_1$ 从整个图中抽出来（图 9.16）。

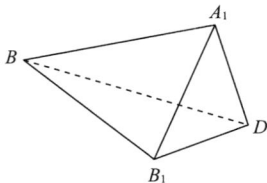

图 9.16

然后过点 A_1 作 $A_1H \perp BD$ 于 H，再过 H 作 $HG \perp BD$，交 BB_1 于 G，连接 A_1G（图 9.17）。

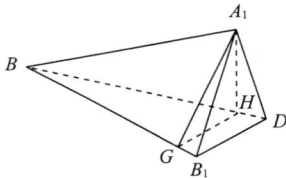

图 9.17

依次计算图中这些线段的长度。$B_1B = A_1A = 4$，$B_1D = \sqrt{2} = A_1D$。

此时我们发现 $\triangle A_1BD$ 和 $\triangle B_1BD$ 全等，即点 B_1 和点 G 重合。由勾股定理可知，$A_1B = A_1A$，则

$$BD = \sqrt{A_1D^2 + A_1B^2} = 3\sqrt{2}$$

利用三角形面积可以计算得到 $A_1H = \dfrac{4}{3} = B_1H$，则 $\cos\angle A_1HB_1 = -\dfrac{1}{8}$。

如果选择在原图上直接作辅助线，那你就必须总扭着头看图，多不舒服啊。把需要计算的这部分立体图形单独抽出来，其他无关或关系不大的部分先撇开。这算是"平面图法"的升级版吧。

例6 如图 9.18，在三棱台 $ABC\text{-}DEF$ 中，已知平面 $BCFE\perp$ 平面 ABC，$\angle ACB=90°$，$BE=EF=FC=1, BC=2, AC=3$。

(1) 求证：$BF\perp$ 平面 $ACFD$。

(2) 求二面角 $B\text{-}AD\text{-}F$ 的余弦值。

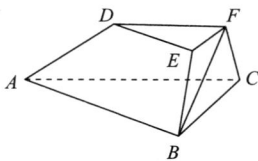

图 9.18

本题来自 2016 年普通高等学校招生全国统一考试（浙江卷）数学（理科）中的考题。

这道题实在很简单，我想，证明和解答的过程就留给你自己完成吧。当然，题目简单也有值得说道的地方。我一直让大家练眼力，你还记得练习的第一条就是找坐标原点吗？那么，你看看本题中最合适的坐标原点在哪里？

当年，很多考生直接把坐标原点选在了点 C，当然，这是一个正确的选择——废话，在整个平面上选择任意一点当坐标原点都正确。这样一来，平

面 ABC 就是 xOy 平面，AC 和 BC 自然就是 x 轴和 y 轴，起码，这看起来比选择其他点的计算量要小多了。

如果用"地毯式"搜索的方法再看一遍，你就会发现还有一个点居然也是三条两两垂直的直线的交点——点 F。而且，如果以点 F 为坐标原点，那么其他几个关键点的坐标写出来也很漂亮，比选择在点 C 处建立坐标系所得到的坐标好看得多，也容易处理得多——唯一不好的地方就是，选择点 F 不太符合我们的视觉习惯，而且容易把坐标轴标错。

现在，你明白之前我让你练眼力的用处了吧？

其实，当年这张考卷告诉了我们不少极其深刻的道理。

首先，小题不小，别高兴太早。这张考卷的填空题中的立体几何问题，我们之前分别用纯几何法和向量法解析过了，难度相当大，和该卷解答题中的立体几何问题相比，你会有一种题目放反了的感觉。之前我讲过做题次序的合理性问题，记住，不要在第一轮做题的时候就和最后一两道选择题、填空题"死磕"，因为你不知道自己和题目最终谁会被"磕"输（大概率是你输了）；更不要把解答题视为洪水猛兽，分值高不代表题目一定难"啃"。

其次，如果解答题在开始时比较容易上手，千万不要掉以轻心，因为下一步可能就是"地狱"。这张考卷中的函数解答题对几乎全体考生来说都很"不礼貌"，我当时做了大概 20 分钟也只拿到了八九分。幸好，我在规定时间内把其他问题都做对了，勉强保住了 140 分的总分。但我毕竟不是在考场上，心态比较放松，如果真上了考场，这张卷子我未必能做到这个分数。可想而知，对大多数考生来说，这张卷子真是一场劫。

我说这些话，无非是给你提个醒：在考场上，合理的考试策略和平稳的心态真的非常重要！而我让你平日操练的能力和内容，都跟实战相关。

例 7 如图 9.19，已知四棱锥 $P-ABCD$，$\triangle PAD$ 是以 AD 为斜边的等腰直角三角形，$BC // AD$，$CD \perp AD$，$PC = AD = 2DC = 2CB$，E 为 PD 的中点。

(1) 证明：$CE //$ 平面 PAB。

(2) 求直线 CE 与平面 PBC 所成角的正弦值。

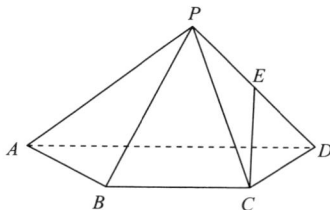

图 9.19

本题来自 2017 年普通高等学校招生全国统一考试（浙江卷）数学（理科）中的考题。

首先，当然要在平面 PAB 内找一条平行于 CE 的直线，现成的三条线段都不和 CE 平行，那么必然需要加辅助线。而过平面 PAB 的三个顶点且和 CE 平行的直线，你看有哪条是留在平面 PAB 内的？是不是只有过点 B 的那条直线满足条件？作了平行线之后，肉眼可见，这条辅助线不光和 CE 平行，而且和 CE 相等。这不就出来一个平行四边形了吗？

但这是我们要证明的结果，因此，需要用另一组对边的平行且相等来证明这是一个平行四边形。点 E 为 PD 的中点，取 PA 的中点 F，连接 EF 和 FB

（图 9.20）。这实在是再正常不过的思路了。当然，你的平面几何功底要足够
扎实，才能马上想到这一点。

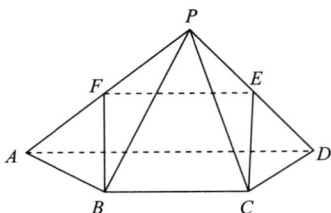

图 9.20

此时，EF 平行且等于 AD 长度的一半，而已知 BC 平行且等于 AD 长度
的一半，则 EF 和 BC 平行且长度相等，即四边形 $EFBC$ 是平行四边形，于是
有 $EC \parallel FB$，且 EC 不在平面 ABP 内。命题得证。

来看第二问。首选点 D 为坐标原点，理由就不用说了（图 9.21）。

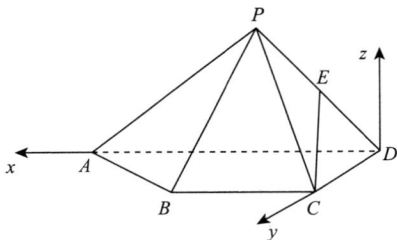

图 9.21

设 $DC = 1$，则 $C(0, 1, 0)$, $A(2, 0, 0)$, $B(1, 1, 0)$，而点 P 的坐标未知。不
过，由于 $\triangle PAD$ 是以 AD 为斜边的等腰直角三角形，我们可以设点 P 的坐标
为 $(1, y, z)$，则

$$\sqrt{1+(y-1)^2+z^2}=2$$

$$\sqrt{1+y^2+z^2}=\sqrt{2}$$

解得 $y=-\dfrac{1}{2}$，$z=\dfrac{\sqrt{3}}{2}$。于是，$\overrightarrow{CE}=\left(\dfrac{1}{2},-\dfrac{5}{4},\dfrac{\sqrt{3}}{4}\right)$，平面 PBC 的法向量为 $\left(0,\dfrac{\sqrt{3}}{2},\dfrac{3}{2}\right)$，计算得 $\overrightarrow{CE}$ 和平面 PBC 的法向量夹角的余弦值为 $-\dfrac{\sqrt{2}}{8}$，即直线 CE 与平面 PBC 所成角的正弦值为 $\dfrac{\sqrt{2}}{8}$。

如果用纯几何法解答这道题，相对来说会麻烦一些。因为从几何直观上看，平面 PBC 不够"大"，所以如果在平面 PBC 上作 CE 的射影，会超出现有区域。就算利用第一问中的结论，将线段 CE 平移到 BF，射影"跑出"原图中平面 PBC 的区域的问题依然存在。

所以，我们的思路应该是把点 C 平移到线段 BC 上的某一点处，使得 CE 的射影恰好落在平面 PBC 内。平移到哪里合适呢？

我觉得，线段 BC 的中点可能会是一个不错的选择。虽然此时我也不知道平移有什么作用，但从图上看，起码能满足 CE 的射影落在 $\triangle PBC$ 内这个条件；其次，中点比其他位置的点更让我们有安全感，对吧？

平移工作完全可以借助在第一问中添加的辅助线，然后分别取线段 BC 和 EF 的中点 M、N，连接 MN，则 $MN \parallel EC \parallel BF$（图 9.22）。然而，如果过点 N 作平面 PBC 的垂线，那垂足会在哪里呢？

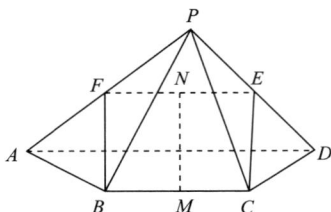

图 9.22

无法确定。这可怎么办？别着急，我们先把条件再捋一遍。设 $DC = CB = 1$ ，则 $PC = AD = 2$ ， $PA = PD = \sqrt{2}$ ，根据 $ABCD$ 是直角梯形，易得 $AB = \sqrt{2}$ 。这时候我们发现，唯独 PB 的长度不知道。

PB 的长度未知，这会影响解题吗？注意，题目要求的是 EC 和平面 PBC 的夹角，那你说， PB 的长度影响解题吗？

所以，我们首先考虑把 PB 的长度求出来。再看图，$\triangle PAD$ 是等腰直角三角形，于是取线段 AD 的中点 Q 是很自然的想法，而连接 BQ 后，得到的四边形 $BCDQ$ 是正方形（图 9.23）。这时候，如果你有一定的"题感"，那你应该能感觉到这思路十有八九是对了。

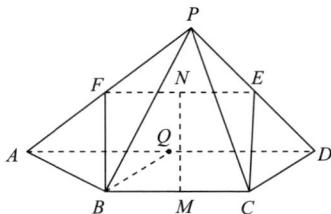

图 9.23

连接 PQ（图 9.24）。这时候千万不要去说明为什么点 N 在 PQ 上，写一句"显然"就够了——这涉及了平面几何方面的知识，而且这一点确实很"显然"。或者为了规避这个"疑点"，你可以说取 AD 的中点 Q，连接 PQ，交 EF 于点 N，则显然点 N 是 EF 的中点。在考试中努力说明 P、N、Q 三点共线是糟糕的选择，白白浪费时间，严格性不是体现在这里的。

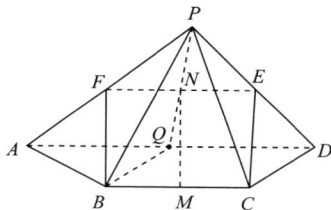

图 9.24

我们发现 $QB \perp AD$，则 $AD \perp$ 平面 PBQ，于是 $BC \perp PB$，从而 $PB = \sqrt{3}$，我们还得到了一个结论：平面 $PBC \perp$ 平面 PBQ。于是过点 N 向 PB 引垂线 NH，垂足为 H，连接 HN 和 HM，则 $\angle NMH$ 就是直线 MN 与平面 PBC 所成角（图 9.25）。

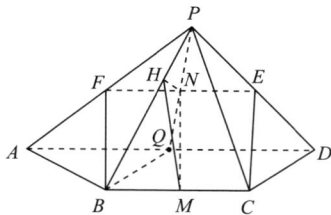

图 9.25

计算可得 $\angle NPH = 30°$，于是 $HN = \dfrac{1}{4}$，$MN = CE = \sqrt{2}$，因此 $\sin \angle NMH = \dfrac{\sqrt{2}}{8}$，即直线 CE 与平面 PBC 所成角的正弦值为 $\dfrac{\sqrt{2}}{8}$。

应该说，本题是展示向量法的优越性的好例子。通过向量法，我们可以把高考题变成小学水平的应用题。而如果采用纯几何法，就需要相当过硬的技巧，才能把角找到。向量法最大的优势就是压根儿不需要找到角，只要知道坐标就能求解，从而规避了立体几何中最大的难点。

至于计算量，有时候，纯几何法确实能节约大量计算步骤，但在大多数时候，也不见得能节约多少时间。最关键的一点是，我们在刚拿到题目时，往往无法马上确定能否在短时间内添加正确的辅助线，而且就算找到了正确的辅助线添加方法，也未必能大大简化计算步骤。总之，向量法虽然不一定是最优方法，但总能中规中矩地、稳定地解决问题。你会怎么选择呢？

再次强调，一定要结合成功率的稳定性和做题效率，综合考量解题思路，而不是任性地根据自己的喜好瞎搞。

例8 如图 9.26，已知三棱柱 $ABC\text{-}A_1B_1C_1$，平面 $A_1ACC_1 \perp$ 平面 ABC，$\angle ABC=90°$，$\angle BAC=30°$，$A_1A=A_1C=AC$，且 E、F 分别是 AC、A_1B_1 的中点。

(1) 证明：$EF \perp BC$。

(2) 求直线 EF 与平面 A_1BC 所成角的余弦值。

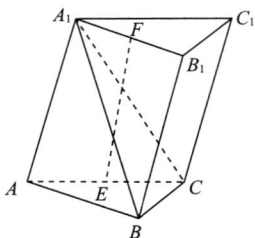

图 9.26

如何对付第一问这种异面直线垂直关系的证明问题？你应该有经验了——借助线面垂直。注意到 $\triangle A_1AC$ 是正三角形，且 E 是中点，所以一定先连接 A_1E ——无论是从正三角形的特征角度考虑，还是从面面垂直转线面垂直的角度考虑，这都应该是第一反应。

然后，我们就发现 $A_1E \perp$ 平面 ABC ，即 $A_1E \perp BC$ 。而 A_1E 和 EF 所构成的平面内的另一条直线是 A_1F ，注意到 $A_1F /\!/ AB$ ， $AB \perp BC$ ，即 $A_1F \perp BC$ ，从而完成了第一问的证明。

取点 E 为坐标原点， A_1E 为 z 轴， EC 为 y 轴， x 轴交 AB 于 H ，接下来求各关键点的坐标（图 9.27）。

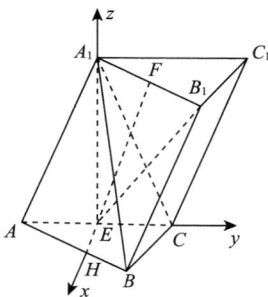

图 9.27

剩下的步骤虽然都是机械计算，但你一定要很仔细！毕竟，斜三棱柱中的位置关系不如立方体中的那么好。

这里不妨设 $EH = 2$ ，为什么这么设？

首先， EH 是所有关键线段中最短的一条；其次，题中给出的条件全是中点，没有三等分点，因此，涉及这些点的坐标运算一旦碰到了除法，那通常应该是除以 2 的情形。假如最短的线段长度被设为 2，那么在接下来的坐标表示中，出现分数的可能性就会很小。不要那么吝啬，把长度就设成 1，回头各种坐标中出现 $\dfrac{1}{2}$ 这样的分数，你说难不难受？

于是有 $C(0,\ 2\sqrt{3},\ 0)$，再根据相似三角形和直角三角形的知识可知 $B(3,\ \sqrt{3},\ 0)$，$A_1(0,\ 0,\ 6)$。而 $A_1B_1 = AB = 6$，则 $B_1(3,\ 3\sqrt{3},\ 6)$，从而 F 的坐标为 $\left(\dfrac{3}{2},\ \dfrac{3}{2}\sqrt{3},\ 6\right)$。

贼老师，这里面还是有分数啊？

我又不是神仙，哪儿能看那么远呢？往好处想，如果当初设 $EH = 1$，那么 B 和 B_1 的坐标就已经带分数了。现在起码减少了分数的个数。

经计算，平面 A_1BC 的法向量为 $(1,\ \sqrt{3},\ 1)$，$\overrightarrow{EF} = \left(\dfrac{3}{2},\ \dfrac{3}{2}\sqrt{3},\ 6\right)$，于是直线 EF 与平面 A_1BC 所成角的余弦值为 $\dfrac{3}{5}$。

如果用纯几何法，那该怎么考虑呢？首先可以肯定的是，一定要把 EF 平移——原图中这种"一箭穿心"的造型看着实在太难受。注意到 $EF \perp BC$，$AB \perp BC$，所以 BC 垂直于 EF 和 AB 平移后拼到一起的平面。

在纯几何方法中，像这样一条直线同时垂直于两条异面直线的条件一定要这么用：把两条异面直线平移到一起，构成新平面。

但问题来了，平移 AB 还是平移 EF 呢？

当然是平移 AB。边 AC 上有那么大一个中点 E 摆着呢！所以取 BC 的中点 G，连 EG、B_1G，我们发现同时把 EF 平移到了 B_1G（图 9.28）。为什么不平移 EF？因为 EF 的选择太多，如果以点 E 为基准，则它连接点 A、B、C 都可以；如果以点 F 为基准，则它连接 A_1、B_1、C_1 都可以。就算考虑到辅助线应该和 AB 挨上，也有点 A、B、A_1、B_1 这四种选择，哪有平移 AB 时的思路单一呢？

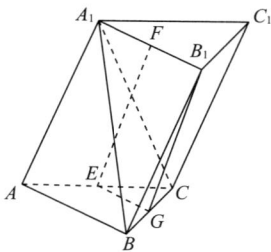

图 9.28

显然 $BC \perp$ 平面 A_1B_1G，从而平面 $A_1B_1G \perp$ 平面 A_1BC，因此 $\angle B_1GA_1$ 就是直线 B_1G 和平面 A_1BC 所成的夹角。

设 $BC=2$，则 $A_1A=A_1C=AC=4$。连 A_1E 和 A_1G，由于 $A_1E\perp EG$，因此

$$A_1G=\sqrt{A_1E^2+EG^2}=\sqrt{15}$$

$$B_1G=EF=\sqrt{A_1E^2+A_1F^2}=\sqrt{15}$$

可得 $\cos\angle B_1GA_1=\dfrac{3}{5}$。

例 9 如图 9.29，三棱台 $DEF-ABC$ 中，面 $ACFD\perp$ 面 ABC，$\angle ACB=\angle ACD=45°$，$DC=2BC$。

(1) 证明：$EF\perp DB$。

(2) 求 DF 与面 DBC 所成角的正弦值。

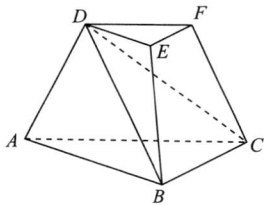

图 9.29

本题来自 2020 年普通高等学校招生全国统一考试（浙江卷）数学（理科）中的考题。

如果要证明 $EF\perp DB$，那么根据以往的经验，我们知道这就是要证明两条直线中的一条垂直于包含另一条直线的平面。从视觉效果上来看，你觉得是证明 EF 垂直于包含 DB 的平面，还是证明 DB 垂直于包含 EF 的平面呢？

　　我是不会去尝试证明 $DB\perp$ 平面 $EFCB$ 或 $DB\perp$ 平面 EFD 的——看着也不像——倒是证明 $EF\perp$ 平面 $EBAD$ 看起来比较靠谱。而且已知 $EF\mathbin{/\mkern-6mu/}BC$，所以证明 $BC\perp$ 平面 $EBAD$ 是等效的。

　　接下来干什么？我以前说过，面面垂直是很强的条件！所以要考虑是过点 B 作垂线垂直于平面 $ACFD$，还是过点 D 或 F 作垂线垂直于平面 ABC。只要花几秒钟，你就应该判断出来：过点 D 作垂线垂直于平面 ABC 是最好的选择。

　　为什么？假如过点 F 作垂线垂直于平面 ABC，则 $\angle ACB=\angle ACD=45°$ 和 $DC=2BC$ 这两个条件根本用不上；而假如过点 B 作垂线 $BH\perp$ 平面 $ACFD$ 于 H，那 $\angle ACD=45°$ 这个条件就算"白瞎"了，因为 $\triangle DCH$ 构不成等腰直角三角形。

　　那么过点 D 作 $DH\perp$ 平面 ABC 于 H 呢？此时有 $DH\perp BC$，而目标是 $BC\perp DB$，因此只要证明 $BH\perp BC$ 即可（图 9.30）。由于 $\angle ACD=45°$，因此 $CD=\sqrt{2}CH$，$CH=\sqrt{2}CB$，由正弦定理可知 $BH\perp BC$，第一问得证。

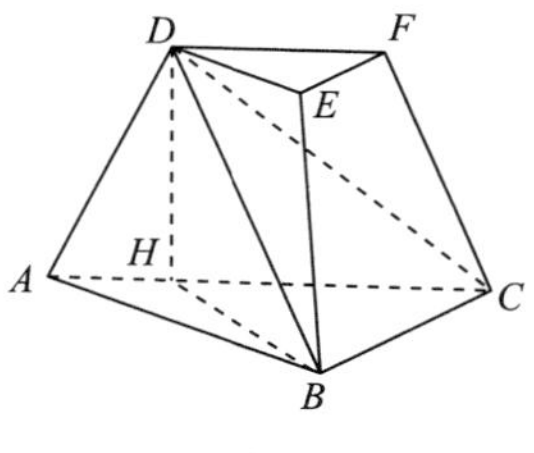

图 9.30

　　再看第二问。我们以点 H 为坐标原点建立直角坐标系，$\overrightarrow{DF}$ 可以用

$(0, 1, 0)$ 表示。设 $CB = 2$，则 $CH = 2\sqrt{2}$，即点 C 的坐标为 $(0, 2\sqrt{2}, 0)$，点 B 的坐标为 $(\sqrt{2}, \sqrt{2}, 0)$，点 D 的坐标为 $(0, 0, 2\sqrt{2})$，$\overrightarrow{BC} = (-\sqrt{2}, \sqrt{2}, 0)$，$\overrightarrow{DC} = (0, 2\sqrt{2}, -2\sqrt{2})$，然后计算平面 DBC 的法向量即可。

当然，如果能直接观察出 $\overrightarrow{BC}$ 的等价向量为 $(-1, 1, 0)$，$\overrightarrow{DC}$ 的等价向量为 $(0, 1, -1)$，那么计算速度能大幅提高。所以，练眼力不要光练如何判断法向量，如果可以观察出构成平面的直线的等价向量，同样事半功倍。求得平面 DBC 的法向量为 $(1, 1, 1)$，从而 DF 与面 DBC 所成角的正弦值为 $\dfrac{\sqrt{3}}{3}$。

如果采用纯几何法，那么需要找到 DF 或与其平行的直线所在的一个平面，而且，该平面需要和平面 DBC 垂直。别忘了把平面 $ACFD \perp$ 平面 ABC 这个条件利用起来。

此时，必然考虑利用 $DF \parallel CH$ 这一点，因为 CH 是平面 $ACFD$ 和平面 ABC 的交线，其性质肯定比孤零零的一条 DF 好。因此，问题转化成求 CH 和平面 DBC 的夹角。此时，作 $HG \perp BD$ 于 G，连接 CG，由第一问结论可知，$BC \perp$ 平面 BHD，从而平面 $DBC \perp$ 平面 BHD，因此 $HG \perp$ 平面 BCD。即 CH 在平面 DBC 上的射影为 CG，$\angle HCG$ 即为所求角（图 9.31）。

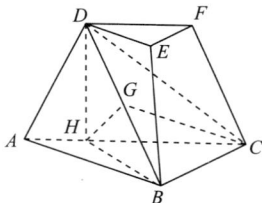

图 9.31

在 Rt$\triangle HGC$ 中，设 $BC = a$，则

$$CH = \sqrt{2}a$$

$$HG = \frac{BH \cdot DH}{BD} = \frac{a \cdot \sqrt{2}a}{\sqrt{3}a} = \frac{\sqrt{2}}{\sqrt{3}}a$$

因此

$$\sin \angle HCG = \frac{HG}{CH} = \frac{1}{\sqrt{3}} = \frac{\sqrt{3}}{3}$$

故 DF 与平面 DBC 所成角的正弦值为 $\dfrac{\sqrt{3}}{3}$。

例 10 如图 9.32，在四棱锥 $P\text{-}ABCD$ 中，底面 $ABCD$ 是平行四边形，$\angle ABC = 120°$，$AB = 1$，$BC = 4$，$PA = \sqrt{15}$，M、N 分别为 BC、PC 的中点，$PD \perp DC$，$PM \perp MD$。

(1) 证明：$AB \perp PM$。

(2) 求直线 AN 与平面 PDM 所成角的正弦值。

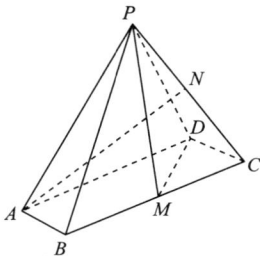

图 9.32

从图 9.32 中看，证明 PM 垂直于底面的可能性几乎没有：$\angle ABC = 120°$ 这个条件意味着 AB 不可能垂直于平面 PBC。但是 $PD \perp DC$，即 $PD \perp AB$，所以只要证明 $AB \perp DM$ 即可。而 $DC = 1$，$MC = 2$，$\angle DCM = 60°$，则 $CD \perp DM$，从而 $AB \perp DM$，即 $AB \perp PM$。证毕。

很显然，第二问的破解关键在于坐标原点的选取。根据第一问的结论和条件 $PM \perp MD$，不难发现点 M 是最合适的坐标原点——事实上，假如题目的第一问是证明一个线线垂直关系，那么在后面的问题中，选取坐标原点很可能要依据第一问的结论。

因为 $AM = \sqrt{7}$，所以 $PM = 2\sqrt{2}$。取 AD 的中点 E，连接 ME，则 ME、DM、PM 两两垂直。以点 M 为坐标原点，建立空间直角坐标系（图 9.33），写出关键点的坐标：$A(-\sqrt{3},\ 2,\ 0)$，$P(0,\ 0,\ 2\sqrt{2})$，$D(\sqrt{3},\ 0,\ 0)$，$M(0,\ 0,\ 0)$，$C(\sqrt{3},\ -1,\ 0)$。

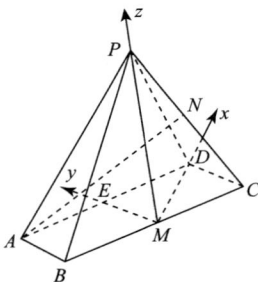

图 9.33

又因为点 N 为 PC 的中点，所以 $N\left(\dfrac{\sqrt{3}}{2},\ -\dfrac{1}{2},\ \sqrt{2}\right)$，$\overrightarrow{AN} = \left(\dfrac{3\sqrt{3}}{2},\ -\dfrac{5}{2},\ \sqrt{2}\right)$。

而平面 PDM 的法向量 $\boldsymbol{n} = (0,\ 1,\ 0)$ ，从而直线 AN 与平面 PDM 所成角的正弦值为

$$\sin\theta = \frac{|\overrightarrow{AN}\cdot\boldsymbol{n}|}{|\overrightarrow{AN}||\boldsymbol{n}|} = \frac{\dfrac{5}{2}}{\sqrt{\dfrac{27}{4}+\dfrac{25}{4}+2}} = \frac{\sqrt{15}}{6} 。$$

如果采用纯几何法，那我们会碰到一个很大的困难：怎么平移 AN ？毕竟"一箭穿心"的构图看着很让人难受。但原题没有明显的中位线，就算整段平移 AN ，我们依然不知道辅助线和平面 PDM 的交点在什么位置，很难处理。

然而，我们注意到 $AB\perp$ 平面 PDM ，所以 AN 和 AB 的夹角就是 AN 和平面 PDM 的夹角的余角。

很显然， $PM\perp$ 平面 $ABCD$ ， $AM=\sqrt{7}$ ，所以 $PM=2\sqrt{2}$ ， $PC=PB=2\sqrt{3}$ ，利用余弦定理，可得 $BN=\sqrt{11}$ ， $AN=\sqrt{15}$ ， $\cos\angle NAB=\dfrac{\sqrt{15}}{6}$ ，即直线 AN 与平面 PDM 所成角的正弦值为 $\dfrac{\sqrt{15}}{6}$ 。

总结一下，处理立体几何中的证明问题，尽量采用纯几何法；如果实在想不到添加辅助线的好方法，那么用向量法可以保底。对于立体几何中的计算（求值）问题，向量法是最稳妥的——除非你一眼就能看出辅助线的添加方法，并对三角运算非常熟悉，否则不要轻易采用纯几何法。

我一向强烈反对学生自己搞一题多解。但这次，针对几乎所有题目，我分别采用了纯几何法和向量法进行了解析，目的是让你学会取舍。虽然我认

为我的建议已经是最优方法了，但总有学生不愿意接受我的建议——其实这也不要紧，关键还是要找准自己的"节奏"。

如果想在高考数学这门考试中取得中等偏上的成绩，那么你必须拿下立体几何解答题（填空题最后一道题有时反倒可以失误）。你一定要结合自身的实际情况和特点，摸索出最适合自己的解题策略——我再次强烈推荐把两种方法相结合的策略：证明纯几何，计算向量法。

祝你成功！

这是一个很"现实"的世界。

立志当数学家或想通过数学竞赛保送重点院校的孩子不需要看这本书，因为他们恐怕什么也学不到。

回想在多年前，我给一群高三的孩子讲课，其中一人听完我的课后愤愤地说："贼老师，你讲的内容'太功利'，我想听更'数学'一点儿的内容。"听了这话，我很欣慰。这是一个拥有数学审美能力的孩子，虽然我不知道他最终的去向，但能听得出"真数学"和"应试数学"的区别，想来他的数学能力应该不会很糟。

成绩中等的学生往往也有很强的学习动力，但出于种种原因，他们"得高分"的技能被"封印"了，陷入了无论怎么学、怎么练，也无法提高成绩的尴尬境地，考来考去，成绩就在 100 分上下晃，很难再向上提高。我每每和他们聊天都会发现，基础知识他们都知道，基本技巧他们也知道，但就是不知道怎么用起来。

所以，你可以把本书当成一本教你怎么在考试中应对立体几何问题的指南书。与纯粹的高中数学辅导读物相比，本书的最大特点就是"实在"：我会教你如何在考试中达成在单位时间内得分更多的目标。

其实，从《不焦虑的函数：从中考到高考》一书的后半部分开始，我就已经采用这种"实在"的写作风格了。只不过这一次，我干脆拿"实在"作为本书的核心写作目标，在一如既往地强调要理解基本概念、加强计算能力等因素的同时，我更侧重于教你如何高效地在立体几何问题上得分，甚至是得满分。

很多高中同学根本没弄明白一件事：在一张高考卷子里，起码有占 15 分左右的题目是大多数人根本不可能在两小时内解出来的。就算把考试时间延长到 4 小时，他们八成也"啃"不下这 15 分中的 5 分。但是，很多人会对自己无法解出这些问题而感到懊恼，甚至在考试时，把大量时间耗费在这些根本不可能得分的题目上，忽视了那些多用点儿时间就能提分的部分。

如果我没记错的话，《田忌赛马》是大家在小学时就学过的一篇课文吧？故事你知道，道理你也懂，但一到该用的时候，你就忘干净了。

立体几何是高考中的"兵家必争之地"。如果你想在高考数学考试中拿一个"过得去"的分数，那你在立体几何解答题上就几乎不能失分。因此，一个合适的考试策略非常必要：哪里该省力，哪里不该省力；如何尽量提升解题速度，如何把复杂的计算尽可能简化……其中还是有不少"应试"技巧的。

忽略个人的思考特点和考试时间的束缚，单纯讲几道题，那是在要赖皮。

如果脱离"应试"这两个字的束缚，那本书中至少有 40% 的内容可以直接删除。假如有足够多的时间让你慢慢想、耐心算，哪怕用上最笨的办法，在理论上你一定可以解出立体几何问题。但在实战中，时间是第一生产力。在立体几何问题上用最短的时间拿足够多的分数，确保在这"难啃的骨头"上啃下二两肉，才是有意义的事。何况，高考中选择题或填空题部分的立体几何问题有时反而更难打发，你要是真碰上一两道，心态会不会早早就崩了？

你在看完本书所讲的高考真题后或许会问："贼老师，为什么你选择的真题都是浙江省的高考真题？"

讲道理，每年高考数学卷的种类太多了，如果都写进来，本书就太厚了——当然，主要还是因为我比较懒。更重要的是：浙江省历届高考数学题中的立体几何问题，相对来说难度偏高。只要你把我列举的这些题的分析看明白，然后对照自己要参加的高考考卷种类（无论是全国 I 卷、全国 II 卷、全国 III 卷、上海卷还是北京卷等）认真研究一下，再结合你自身的思考特点和水平加以训练，同时养成符合自己能力的做题习惯，相信你的成绩一定会有所提高。

按部就班，循序渐进，科学合理地"偷奸耍滑"，相信我，你迟早会喊出"立体几何问题就是送分题"这句话的。